AF252261

MONSIEUR LE COMTE DE FALKENSTEIN,

OU

VOYAGES DE L'EMPEREUR JOSEPH II

EN ITALIE, EN BOHÊME ET EN FRANCE;

Contenant un Précis des Établissemens utiles faits depuis le Regne de Marie-Thérèse.

PAR M. MAYER.

A ROME,

Et se trouve **A PARIS,**

Chez
- CAILLEAU, Imprimeur - Libraire, rue S. Severin.
- ESPRIT, Libraire, au Palais Royal.
- RUAULT, Libraire, rue de la Harpe.

M. DCC. LXXVII.

INTRODUCTION.

Monsieur le Comte de Falkenſtein s'eſt rendu ſi recommandable par la ſimplicité de ſon extérieur, par les connoiſſances & par le ſage emploi qu'il a fait du tems, dans une ville qui offroit des attraits contre leſquels il eſt difficile de ſe défendre, que ſon hiſtorien eſt aſſuré de la bienveillance publique. Quand le Héros eſt aimé, il reſte veu de choſes à faire à l'Ecrivain. Depuis long-tems les papiers publics

A ij

n'ont ceſſé de nous entretenir de Joſeph II : il eſt venu, il s'eſt montré.... il a reçu d'une nation vive & ſenſible le tribut d'admiration qui lui étoit dû ; on l'a vu donner tout à la curioſité utile, & tout refuſer à la molle diſſipation de nos cercles. Homme ſenſible, homme aimable, amateur de tous les arts & de tous les talens, c'eſt de lui qu'on pourroit dire :

Tous les goûts à la fois ſont entrés
    dans ſon ame,
Tout art a ſon hommage, & la vertu
    l'enflâme.

Avec quel plaiſir ma main a tracé les annales de ſa bienfaiſance ! Je parlois d'un Souverain, & en m'occupant de lui, mon ame étoit élevée par le fouvenir de tous les bons Empereurs qui ont régné. Quand je cherchois dans lui le maître d'un Empire, je trouvois toujours l'homme fimple, l'homme bienfaifant; où la grandeur Royale difparoiffoit, la fenfibilité prenoit place, & je difois : fans doute il eft grand, puifqu'il fait comment un Roi peut ne pas le paroître. Celui qui fait le plus de bien aux hommes, eft, fans contredit, le plus fûr de régner. Le hafard lui donna des fujets, fes vertus lui donnent des amis. Jofeph II a été à Paris tel qu'on la vu en Italie, ennemi du faste, laissant toujours l'agréable pour courir à l'utile, n'oubliant jamais que la félicité des sujets doit être l'objet principal des voyages & des méditations des Souverains.

Nota. Je n'ai pas besoin d'avertir que ce recueil n'a de commun avec *les Anecdotes de l'Illustre Voyageur*, que les faits qui sont à tout le monde, & qui par cette raison m'appartenoient. La marche de mon ouvrage est bien différente, je renvoie à ces anecdotes ceux qui veulent tout lire.

MONSIEUR LE COMTE

DE FALKENSTEIN,

OU

VOYAGES

DE L'EMPEREUR

JOSEPH II

EN ITALIE EN BOHÊME ET EN FRANCE.

L'INCOGNITO d'un Roi est presque toujours le fastueux cortége d'un Prince magnifique : il n'y perd qu'un cérémonial inouï & qu'on est convenu de supprimer, parce qu'il eſt coûteux. Du reſte, attendu par les Officiers Supérieurs des places par où il paſſe, il eſt reçu en Monarque & fêté partout ; mais ce qu'il conſerve de la Royauté, mais les honneurs qu'on lui rend, ſont tout autant de cauſes qui nuiſent à ſa curioſité & à ſon inſtruction ; il ne voit que la ſurface des objets qu'on lui repréſente dans un jour avantageux, il franchit rapidement des eſpaces immenſes, on lui fait détourner la vue de ces vaſtes campagnes où des hommes groſſiers, mais vraiment utiles, cultivent ces matieres premieres qui ſervent au luxe des villes & à la molleſſe des riches. Pauvre peuple ! Vos champs fertiliſés n'arrêteront point le char léger du Monarque, s'ils ne ſont point ſurchargés d'un monument inutile & qui n'atteſte ſouvent que les horreurs de la guerre ou que la vanité d'un Grand qui ne fût point connu par des vertus paiſibles. Bon peuple ! Ce n'eſt point vous non plus qu'on croit un tableau digne d'être mis ſous les yeux d'un Souverain ; on le promène dans des galeries où, s'il eſt ſenſible, il s'attendrit ſur de foibles imitations de la nature, plutôt que de l'arrêter par le ſpectacle ſi touchant & ſi vrai de vos chaumieres, de vos travaux & de vos fêtes villageoiſes. C'eſt ſur votre front, n'en doutons point, qu'un Légiſlateur ſage lira toujours la ſituation d'un État ; votre joie, votre aiſance, annoncent la richeſſe du Royaume que vous habitez ; votre douleur, vos murs dépouillés par des exacteurs, diſent trop bien que l'Etat n'eſt point aſſez riche pour vous faire des remiſes néceſſaires (1).

Charles IV, qui vint en France,

____

(1) Ceci n'eſt pas tout-à-fair juſte : on a un exemple que l'État peut être obéré & faire en même tems des remiſes. Sous le Regne d'Henri

(1) prouveroit prefque que l'agrément conduit plûtôt les Souverains dans leur courfe que l'utilité. Je crois cependant qu'on a parlé de ce Prince un peu légèrement, fon ignorance tenoit à celle de fon fiecle. Les Arts étoient alors dans leur enfance, nous n'avions à lui offrir ni les Tableaux *de Rubens*, ni ceux de *Le Moine* : nous n'avions point de fucceffeurs des *Phidias* & des *Praxiteles*; le compas *de Vitruve* attendoit encore

----

IV, les impôts de 1596 furent remis aux provinces dévaftées ; par cette opération, M. de Sully fit perdre au Roi vingt millions. Cette fomme, qui feroit modique de nos jours, étoit conféquente alors, que les revenus de l'Etat ne fe montoient qu'à trente millions : il fortoit cependant de la bourfe des fujets cent cinquante millions. M. de Sully fit refpirer le peuple & facilita les paiemens poftérieurs ; mais c'étoit Henri IV, mais c'étoit Sully.

(1) Charles IV vint en France en 1378. Il créa le Dauphin Vicaire irrévocable de l'Empire en Dauphiné : depuis ce tems-là, les Empereurs d'Allemagne n'ont point eu de prétention fur le Dauphiné ni fur le Royaume d'Arles.

des mains dignes de le manier, nos Tentures étoient sans goût, notre Luxe mal entendu, nos Poëtes n'étoient que de mauvais Troubadours, nous n'avions point encore d'idée de ce spectacle que le génie de Corneille a rendu si sublime & si respectable, nous ne connoissions point la Musique, nos Fêtes commençoient & finissoient par des danses, des tournois & des représentations dont le Machiniste faisoit tous les frais, l'image de la guerre étoit sans cesse retracée. On donna à Charles IV, le spectacle d'un Combat Maritime & de la prise de la Ville de Jérusalem, par Godefroi de Bouillon, qui mit en fuite les Sarrasins. On dit que ce Souverain montra beaucoup d'indifférence pour les choses utiles, ce qui est très-vrai-semblable, parce que les Gentils hommes d'alors ignoroient beaucoup de choses & ne sçavoient point distinguer les objets qui portoient un caractere d'utilité, (1) mais de tous tems on a pu être fensible, la voix de l'humanité se fit entendre dès l'enfance du monde. *Saladin* parmi les horreurs du carnage avoit donné l'exemple de la bienfaisance. Si Charles IV s'est refusé à cette jouissance celeste il est condamnable : mais en cela seulement, le reste de l'accusation trouve son excuse dans le tems où il a vécu,

---

(1) Albert, surnommé le Grand, examinoit très serieusement si un porc que l'on mene au marché pour le vendre, est tenu par l'homme ou par la corde qu'on lui a passé au col, si celui qui a acheté la chape entiere a acheté la chapuce. Cet Albert avoit un si grand nombre d'écoliers, qu'il fut obligé de prendre une place publique pour le théâtre de sa gloire : c'est ce qu'on nomme place Maubert ou place de Maître Albert. Après cette observation, Charles IV n'est il pas excusable d'avoir eu si peu d'empressement pour les belles choses du siecle ; n'a t-on pas tort de l'annoncer comme un pauvre sire ?

la philosophie n'avoit point encore remis entre les mains du
Monarque le premier anneau de
cette chaîne qui le lie à ses sujets
& qui rapproche ses sujets de lui.
C'est à elle que nous devons peut-
être des Rois éclairés & des maîtres populaires.

Mais est-il bien vrai que les
voyages soient absolument nécés-
saires aux Princes? Charles le Sage,
Louis XII, le pere du Peuple,
Henri IV n'ont point dû leurs vertus à des secours étrangers, ils furent sensibles, ils furent bons, ils
donnerent la préférence à tous
les moyens qui portoient ce caractere de bonté qu'ils retrouvoient
dans leur cœur, le naturel étoit
heureux, l'expérience & la réfié-
xion l'embellirent encore; il faut
des connoissances étendues, un esprit appliqué pour que les voyages soient utiles, il est bien rare
que ces qualités se rencontrent

dans la même personne ; parmi les particuliers qui courent de pays en pays dans l'objet de s'inftruire, il en eft peu qui puiffent dire, *je n'ai point perdu mes pas.* Ceux-là bornés par leur condition, bornés par leur fortune, ne font point forcés d'être diffipés ; non, les Rois ne doivent point voyager, ils ont des Sages , des Sçavans….. Montefquieu eût parcouru le monde plus utilement pour la France que fon Roi. C'eft à des hommes de cette trempe & doués de ce même génie que les Souverains doivent confier le pénible emploi d'aller obferver & recueillir dans les pays voifins ce qu'ils ont d'utile. Les devoirs du trône font trop étendus, il eft trop dangereux de dépofer le fceptre entre des mains qui ne font point nées pour le porter, & que l'intérêt particulier fait prefquetoujours mouvoir.

Dans l'exception , je dois placer
Frédéric II, il a voyagé fans fuite
& fans fafte ; avec une pénétration
étonnante pour embraffer les mouvemens les plus compliqués de la
grande machine du gouvernement ; il a été doué d'une foupleffe
fufceptible des plus petits détails ;
il obfervoit en Légiflateur éclairé,
il traitoit en Négociateur adroit ; il
n'a manqué à ce grand Roi pour
rendre fes peuples plus heureux ,
qu'un Etat plus vafte, plus riche,
& des moyens qui puffent répondre à fes grandes vues.

Le Czar Pierre , furnommé
grand à bien jufte titre , a voyagé,
mais ce n'étoit point l'Empereur,
c'étoit , le dirai-je, *Pierre Michae-*
loff, Charpentier, dans les chantiers de *Sardam*. Ce grand homme
avoit d'immenfes poffeffions &
un peuple innombrable à éclairer ;
il fentit le befoin qu'il avoit des
fecours étrangers ; la Hollande de-

voit l'arrêter dans fes courfes, fes richeffes l'étonnerent. Ce pays bâti fur des marais, peu fertile, voit refluer dans fon fein les tréfors des deux mondes: Amfterdam eft le magafin général des nations ; fes vaiffeaux commerçans, font tout autant de Provinces flottantes ; il eft des voyages qui rendent aux Hollandois beaucoup plus que des poffeffions étendues. On a blâmé le Czar d'avoir perdu deux années dans les chantiers comme un fimple ouvrier (1) Je ne vois dans fon application à defcendre dans tous les détails de la conftruction, que la prefcience que fon génie avoit du befoin que les états ont du commerce pour être dans cet état de profpérité qui fait fleurir

----

(1) Avant de quitter Péterfbourg, il avoit appris la difcipline militaire comme un fimple foldat fous le commandement d'un Officier étranger.

l'induſtrie & les arts. Il connut en
Hollande la conſtruction , la Marine & le Commerce : heureux ſes
ſujets ! ſi les mœurs douces des
François ſous le regne ſi poli de
Louis XIV, avoient un peu adouci
l'âpreté de ſon caractere ; il en prit
du moins du goût pour les arts
agréables & pour la magnificence
qui donne de l'éclat aux qualités
d'un Souverain, quand elle n'eſt
point outrée; il retourna dans ſes
états , & la Ruſſie prit dans ſes
mains une forme nouvelle ; il créa
un autre peuple , les arts furent
tranſplantés ſur un terrein in-
connu , des vaiſſeaux voguerent
ſur la mer noire , Conſtantinople
trembla , Charles XII après l'avoir
battu neuf ans , fut enfin vaincu
à Pultava , & réduit à l'impuiſ-
ſance de ne pouvoir jamais lui
nuire ; bientôt Louis XIV reçut
des Ambaſſadeurs d'une puiſſance
dont on ne connoiſſoit point la

force , qu'on croyoit dix ans au-
paravant dans un état de barbarie,
& qui maintenant entre pour beaucoup dans la balance de l'Europe,
Cet Etat s'est accru avec une rapidité étonnante ; ses succès dans
tous les genres sont frappans, des
minorités foibles , le gouvernement des femmes, n'ont point ap-
porté d'obstacles à sa grandeur ;
ses armes ont toujours été heureu-
ses, ses entreprises ont réussi , il
peut tout ce qu'il veut ; il est militaire & commerçant, (1) bientôt

____

(1) Aucune nation , sans en excepter même
la Turquie , n'est aussi favorablement placée
que l'Empire Russe , pour tirer de la navigation
sur la mer noire les plus grands avantages ; les
contrées que le *Don* & le *Dnieper* arrosent,
fournissent le bois de construction ; par ces
deux fleuves on peut transporter jusqu'à la mer
les productions de l'intérieur du pays , on a la
même facilité pour l'importation. *Tavarow*
est très-commode pour la construction ; *Tan-
geroff* est commode & profond, il fournit au
commerce tous les avantages qu'on peut dé-
sirer pour y reposer les marchandises ; avec des

ſes eſcadres ſeront auſſi redouta-
bles ſur mer que ſes troupes leſont
ſur terre ; la Hollande craint pour

---

travaux , *Petrowskaja* conſtruit dans la derniere guerre , deviendroit un port commode
& ſûr ; la mer *Daʒoſ*y eſt très profonde ; les
Ruſſes ſont encore les maîtres de pluſieurs ports
en Crimée , tous ne ſont point dans des villes ,
mais tous ont ce qui convient pour faciliter le
nouveau commerce de la nation ; le *Dnieper*
reçoit cinq cens rivieres avant de terminer ſon
cours ; il a été établi de nouveaux bureaux de
douane à *Aſoph* , *Kinburn* , *Taganiock* & autres forts ou places voiſines de la mer noire ,
ainſi que dans la nouvelle Ruſſie & ſur les frontieres de la Pologne. Quatorze bâtimens Ruſſes
ont paru depuis deux ans ſur les mers noire &
blanche , dans la liſte des vaiſſeaux entrés dans
le port de Conſtantinople ; il n'eſt plus rare
d'en voir qui ſont arrivés de *Kertch* & de
Jenicalé. Le vin ſemble être juſqu'à préſent le
principal objet de ſon commerce. S. M. I. a
aſſigné un million pour le commerce du levant
& de la méditerranée.

Par l'art. XI du traité de Paix entre la Porte
& la Ruſſie ; cette derniere a ſtipulé la permiſſion
d'établir en tous les endroits des états de S. H.
des Conſuls & des Vice Conſuls , en tel nombre qu'il lui plairoit , qui y auroient les mêmes
honneurs que les Conſuls des autres nations. La

ſes comptoirs, envain le Turc veut l'empêcher de ſe ſaiſir des ports qui ſont à ſa convenance. L'Impératrice regnante a formé le projet bien grand aſſurément , de joindre la mer Caſpienne à la mer du Nord: la jonction enrichiroit des cantons pauvres , & ſeroit avantageuſe à la Lithuanie & à la Pologne. L'Archipel , peu connu autrefois , vient de l'être après ſix découvertes ; le Pont - Euxin , qu'on avoit cru un abîme pour un dixieme des vaiſſeaux qui s'y préſentoient , n'en étoit un que pour ceux de mauvaiſe conſtruction , montés & ſervis par des matelots ſans expérience : on navigue ſur la mer noire avec autant d'ex-

---

navigation eſt libre , & le tarif des marchandiſes qui ſera permis d'importer & d'exporter , a été dreſſé.

La Sibérie a 800 lieues de longueur ſur 500 de largeur, c'eſt preſque une étendue de la moitié de l'Europe, c'eſt un déſert que S. M. I. veut peupler.

périence que sur les autres mers. Un nouveau code de Loix a été écrit pour réformer des abus sans nombre, & pour abréger la longueur des procès. L'Impératrice a fondé des écoles & des instituts pour l'éducation des jeunes Demoiselles nobles qui sont dotées ; une caisse publique a été établie pour assurer à des veuves, à des orphelins, un entretien honnête après le décès de leurs maris ou des chefs de famille ; la Russie a plus fait pour sa splendeur dans l'espace d'un siecle, que des Monarchies anciennes où les arts étoient en vigueur depuis longtems ! C'est au génie du Czar Pierre que cet État doit son existence & sa gloire ; si tous les Monarques voyageoient avec autant d'utilité pour leurs peuples, il faudroit les y inviter ; je ne vois que *Joseph II* qui puisse être comparé au Czar pour les vues profondes

& pour le defir de s'inftruire ; tous deux ont recherché les grands hommes, tous deux ont donné des marques d'eftime aux talens ; je n'oferois donner la préférence à *Jofeph II*, dans la crainte d'être foupçonné d'adulation, fi cet Empereur ne l'emportoit fur Pierre par la bienfaifance. L'hiftoire du Czar ne peut rien offrir de comparable à l'aménité touchante de l'Empereur ; Pierre fe fit craindre, il employa la force pour faire des grandes chofes, le fang ruiffela fous fon regne, il aima la vengeance, peut-être dut-il être cruel : je plains le Souverain qui eft réduit à cette extrêmité. Le Czar fut grand & redoutable ; Jofeph II eft grand & il eft aimé ; fa douceur lui a gagné fes fujets, Marie-Thérefe fon augufte mere, lui a appris quels heureux fruits elle a recueilli de ce moyen pacifique, & qui devroit être toujours préféré.

Joseph II n'a été connu dans ses voyages en Italie & en France, que sous le nom de *Comte de Falkenstein* : (1) il n'a voulu recevoir que les égards dus à M. le Comte, & s'est refusé à tous les hommages qu'on vouloit rendre à l'Empereur.

Avant de donner les détails de

____

(1) Falkenstein est une Comté dépendante de la Lorraine, qui appartient à l'Empereur par la réserve qui en a été faite lors du traité de cession du Duché en 1735. Ce Fief de l'Empire, situé entre la Lorraine & l'Alsace, est resté à François I qui, quoiqu'il ne fût encore que grand Duc de Toscane, voulut conserver un état de l'Empire, au moyen duquel il restoit membre du corps Germanique & éligible pour la Couronne Impériale. Les Ducs de Lorraine, en qualité de Comtes de Falkenstein, ont eu voix & séance au banc des Comtes de l'Empire. On dit que c'est le plus ancien patrimoine de la maison de Lorraine, qu'on fait descendre de Gérard, Landgrave d'Alsace, qui succéda à Albert en 1048, dont le bisayeul étoit frere aîné de Gontram, duquel est issue la maison de Habsbourg, à présent la maison d'Autriche, qui à ce compte là ne seroit qu'une branche cadette de la maison de Lorraine.

ſes voyages, avant de faire connoître le Roi voyageur, il eſt à
propos de ſuivre Joſeph II &
Marie-Thérèſe dans leurs États ;
le bonheur de leurs ſujets, une
bonne adminiſtration, ſont des
monumens qui conſacreront l'art
de régner qu'ils poſſedent ſi bien.
Marc-Aurele écrivoit les devoirs
des Rois, (1) Joſeph II & Marie-
Thérèſe mettent en pratique les
leçons de l'Empereur Romain. —
« Le métier de régner eſt plus dif-
» ficile qu'on ne l'imagine : on ne
» peut ſatisfaire tout le monde,
» & par conſéquent il y a des
» mécontens ; il faut s'occuper

____

(1) Comparaiſon de Marie Thérèſe à Marc-
Aurele, demandée à M. de Voltaire par M. le
Comte de... de qui je la tiens....

Marc-Aurele, autrefois des Princes le modele,
Sur le devoir des Rois inſtruiſait nos ayeux,
  Et Thérèſe ſait à vos yeux
 Tout ce qu'écrivoit Marc-Aurele.

       » de

(25)

» de ſes devoirs qui ſont ſans nom-
» bre, & ſouvent quand on a cru
» les remplir, on voit qu'on a
» été trompé : on eſt privé du pre-
» mier bonheur de la vie, *celui*
» *d'avoir des amis.* » (1) Sans doute
métier de régner eſt difficile pour
le Monarque qui connoît toute

---

(1) Louis XIV avoit coutume de dire à
chaque élévation de ſujets à une place : *Je
fais un ingrat & mille mécontens.* Marc-
Aurele prêt à monter ſur le premier trône du
monde, parut triſte ; ſa mere lui ayant demandé d'où venoit ſa triſteſſe, il répondit :
*Vous ne voulez pas que je ſois triſte, je vais
régner.* Ne ſemble-t-il point voir reſpirer l'ame
de ce bon Empereur dans Joſeph II : ce ſont
ſes propres paroles que j'ai rendues, il les prononça en Italie le 17 Mars 1769, dans le Palais
de Corſini, pendant qu'on danſoit. On ne dira
point de lui :

Amitié, que les Rois, ces illuſtres ingrats,
Sont aſſez malheureux pour ne connoître pas.

M. de Voltaire fit ce diſtique dans un mo
ment de mauvaiſe humeur, il eut fait grace aux
Rois, s'il eut connu Joſeph II.

B

l'étendue de fes devoirs, & qui veut les remplir tous. O vous qui faites un aveu fi noble & fi vrai, combien vous paroiffez digne de régner ! Votre bouche fit fans le vouloir l'éloge de votre cœur, vos actions vont y ajouter un caractere augufte.

Marie-Thérèfe, fille de Charles VI, née le 13 Mai 1717, mariée à François-Étienne de Lorraine, depuis grand Duc de Tofcane, enfuite Empereur fous le nom de Charles François I, fuccéda à Charles VI. Ce Monarque ayant perdu fon fils *Léopold*, né le 15 Avril 1716, & mort le 4 Novembre de la même année ; craignant les troubles qui pourroient s'élever après fa mort, voulut les prévenir par un acte nommé la *Pragmatique Sanction*, dans laquelle il régla, qu'en cas qu'il mourut fans fucceffeur, tous les biens héréditaires de fon augufte maifon appartiendroient à l'Archiduchesse *Marie-Thérèse*, & que l'Archiduchesse *Marie-Anne* auroit seulement un appanage. (1) Ces biens comprennent, outre l'ancien patrimoine de la Maison Impériale d'Autriche, les Royaumes de Bohême, de Hongrie & les Pays-Bas Autrichiens; dans le tems, Charles VI possédoit Naples & Sicile.

Les Etats héréditaires de la Maison d'Autriche, sont les Royaumes de Hongrie & de Bohême, autrefois électifs; mais cette élection n'est plus qu'une assemblée des Etats pour reconnoître le nouveau Monarque, & demander la confirmation de ce qu'il leur reste encore de leurs anciens priviléges. La Hongrie ne fut pas toujours si

---

(1) Le Prince Eugène dit alors qu'une armée de cent mille hommes garantiroit mieux la Pragmatique Sanction que cent mille traités; les événemens ont réalisé sa prédiction.

foumife : les Puiffances en guerre contre la Maifon d'Autriche, leur ont procuré fouvent des fubfides, de & tant que les noms de *Ragotzi*, *de Berizini*, *d'Efterhazi* & de tant d'autres ont retenti dans le monde, la Cour de Vienne a eu toujours à craindre les foulevemens d'un peuple qu'il n'appartenoit qu'à Marie-Thérèfe d'enchaîner par des bienfaits. Outre ces deux Royaumes, la Maifon d'Autriche a des poffeffions en Italie, & s'étend jufques dans les pays de Suabe.

Après la mort de Charles VI, Marie-Thérèfe, âgée de vingt-trois ans, monta fur le Trône, elle affocia fon époux au Gouvernement de l'Empire, fans prétendre déroger à la Sanction Impériale ; les Etats de Bohême & d'Italie s'y foumirent, les Hongrois s'y conformerent, elle prêta devant les Députés de Hongrie le ferment fait en 1722, que fes prédéceffeurs

n'avoient plus voulu prononcer :
« Si moi ou quelqu'un de mes
» fucceffeurs , en quelque tems
» que ce foit , veut enfreindre vos
» priviléges, qu'à vous foit permis
» de vous défendre, *fans pouvoir*
» *être traités de rebelles.* Cette innovation , qui flattoit l'orgueil d'une
nation jaloufe de fa liberté , lui
concilia tous les efprits, & les feux
de la difcorde qui fumoient encore, s'éteignirent peut-être pour
toujours.

Mais quand les foumiffions de
fes fujets & fa conduite fage affuroient à Marie-Thérèfe la paix
intérieure, les cris de guerre fe
faifoient entendre aux limites de
l'Empire , des ennemis puiffans
s'élevoient, une ligue funefte fe
tramoit fourdement , l'éruption
devoit en être terrible : bientôt
fans Etat , tremblante pour fa vie,
elle fera forcée d'écrire à la Ducheffe de Lorraine, fa belle-mere...

J'ignore s'il me restera une ville pour y faire mes couches. On vit avec jalousie l'élévation de la Maison d'Autriche, on ne vouloit point que la dignité Impériale demeurât dans cette Maison; la France même, encore imbue des maximes du Cardinal de Richelieu, se prêtoità toutes les vues des Puissances ennemies : le Comte de Belleisle entraînoit la Cour de Versailles, malgré la résistance du prudent Cardinal de Fleuri, qui sembloit prévoir le peu de succès des armes Françoises, & combien peu la France devoit compter sur ses traités avec le Roi de Prusse, qui avoit des vues & des intérêts différens, & qui seroit obligé de céder aux circonstances.

Les Manifestes parurent & allumerent l'incendie générale. Charles Albert, Duc de Baviere, entra en campagne; le Roi de Pologne, qui avoit épousé une Princesse, fille de l'Empereur Joſeph I, & le Roi d'Eſpagne, ſe promirent de tirer parti des troubles de l'Autriche. Le Roi de Pruſſe ſe mit en marche dans le mois de Décembre 1740 : quel étoit ſon droit ? *Je demande*, di-ſoit-il, *les armes à la main, ce que la force m'a ravi.* Que lui avoit-on ravi ? C'étoit un problême, il l'éclaircit bientôt en s'emparant de la Siléſie & du Comté de Glatz : ce pays étoit à ſa convenance ; c'étoit ſans doûte celui qu'on lui avoit enlevé ; il fit la guerre en guerrier qui ſait tirer parti des droits du vainqueur. Les contri-butions furent exhorbitantes, les armes de Bavière, aidées de celles de France, d'Eſpagne, de Savoye & de Saxe, firent des incurſions & prétendoient réduire la Maiſon d'Autriche au patrimoine du grand Duc. Dans ce tems-là, Marie-Thé-rèſe mit au monde l'Archiduc Jo-ſeph (13 Mars 1741) ; la Reine en-

vironnée d'ennemis, fans armée,
fans argent, n'avoit eu que la reffource de fe réfugier en Hongrie
& de folliciter des fecours : elle
prononça devant les Etats affem-
blés une harangue latine qui
émut les affiftans : « Abandon-
» née de mes amis, perfécutée
» par mes ennemis, attaquée par
» mes plus proches parens, je n'ai
» de reffource que dans votre fidé-
» lité, dans votre courage & dans
» ma conftance ; je remets en vos
» mains la fille & le fils de vos
» Rois. » — A l'attendriffement
fuccéda un enthoufiafme martial,
& ces braves Hongrois jurerent devant leur Souveraine de la venger
ou de mourir ; l'effet fuivit de près
le ferment : trois mille guerriers
vieillis dans les combats, montent
à cheval, & leur zèle fe commu-
niquant de proche en proche, les
Croates mettent fur pied douze
mille hommes & préparent de nou-

velles levées , des peuplades en-
tieres fe rangent fous leurs dra-
peaux, le Clergé fournit des fom-
mes confidérables , la générofité
(1) Angloife s'éveille & offre à
Marie - Thérèfe un don gratuit
qu'elle refufe, ne voulant recevoir
que l'argent qu'elle avoit demandé
au Parlement.

Le Roi de Pruffe, toujours vic-
torieux, la contraignit enfin de
démembrer fes États : par un
Traité du mois de Juin 1742, elle
céda à ce Prince ce qu'il avoit con-
quis, la Siléfie, la Comté de Gratz :
au moyen de cet accord, les armées Pruffiennes fortirent de la
Bohême , & rejetterent fur la
France tout le fardeau de la guerre.
Le Roi de Pologne fit la paix après
l'expédition de Prague : le Roi des

---

(1) La Duchelle de Malborougt dépofa quarante mille livres fterling , les Dames les plus
qualifiées de Londres offrirent foixante mille
livres fterling.

Deux-Siciles en fit autant ; mais le Roi de Prusse se déclara une seconde fois contr'elle. Charles Albert, Duc de Bavière, qui avoit été proclamé Empereur, mourut enfin à Munich, dans une situation singuliere pour un Souverain. (1) Après cette mort, Marie Thérèse fit couronner son époux à Francfort malgré les avantages que remportoit le Roi de Prusse, & malgré les protestations de l'Electeur Palatin ; la Reine assista elle-même au couronnement de son époux, & cria la premiere, *vive l'Empereur François I*. Le Roi de Prusse abandonna une seconde fois les François par la médiation du Roi d'Angleterre ; &, par le Traité de Dresde, il fut confirmé dans la possession de la Silésie. Le fils de Charles VII avoit renoncé aux prétentions de son Pere : la France demeuroit presque seule sur le

____

(1) Il mourut presque dans l'indigence.

champ de bataille ; le Comte de Saxe commandoit ſes troupes, c'en étoit aſſez pour inquiéter l'Impératrice. Le ſuccès de ſes négociations avec l'Angleterre, la Hollande, la Pologne & la Pruſſe, étoit empoiſonné par les conquêtes des François : enfin, la paix ſe fit ; le Traité fut ſigné à Aix-la-Chapelle. Toutes les Puiſſances, après s'être épuiſées d'hommes & d'argent, ſe trouverent à-peu-près au même point d'où elles étoient parties ; la Pragmatique Sanction fut confirmée par les Parties alliées.

Les États de l'Impératrice Reine avoient été ravagés par les troupes ennemies : ceux qui avoient échappés au pillage avoient été ſurchargés d'impôts ; il falloit adoucir le ſort des uns, & ſecourir les autres. On a vu Marie Thérèſe, femme forte, hardie, inébranlable dans les dangers, ordonnant en Capitaine, tenant tous les Conseils de guerre , négociant elle - même par Lettres , toujours inaltérable dans les revers... de plus douces images vont succéder.... Ce n'est plus cette amazone armée de l'Egide, repoussant tous les traits lancés, c'est la *Mere de la Patrie*; elle veut détruire d'affreux souvenirs (1). Les Généraux, les Officiers à qui elle devoit le salut de l'Empire , furent récompensés de leurs travaux. Elle remplit pendant la paix les promesses qu'elle avoit faites à ses Sujets : un nouvel ordre de discipline fut établi;

---

(1) Le Général Daun battit le Roi de Prusse à Choremitz. S. M. I. visita la Maréchale son épouse , & lui apprit elle-même cette victoire. A cette occasion , elle institua l'Ordre Militaire de *Marie-Thérèse*, en décora les Officiers qui s'étoient distingués dans cette journée , & laissa au Général Daun l'honneur de faire une promotion. Toute distinction de naissance , de religion& d'ancienneté de service , en est exclue ; l'Officier qui a fait une belle action peut se présenter, donner des preuves du fait, il est décoré.

l'Impératrice voulut avoir toujours sur pied des troupes nombreuses, pour être prête à tout, & pour ne pas presser les Milices & les contributions dans les nécessités de l'État ; les pays héréditaires y coururent; les Hongrois donnerent l'exemple, & reçurent en gárnison les Régimens envoyés par la Reine. François I rétablit par ses soins la tranquillité entre les Cercles Germaniques, jusqu'alors toujours divisés. L'Impératrice facilita à la Hongrie le Commerce des vins en accordant des libertés, & en ne levant qu'une foible imposition pour le droit de passage dans l'Archiduché d'Autriche (1). Cette

____

(1) S. M. I. a rendu une Ordonnance qui supprime tout droit de transit sur les vins de Hongrie qui passeront par les Etats d'Allemagne, soit par eau, soit par terre, pour être transportés à l'étranger , avec cette réserve néanmoins que ceux qui voudront exporter par le Danube une certaine quantité de vins de la Hongrie pour la Bavière, les Evêchés de

Nation, qui avoit tant fait pour sa Souveraine, demanda en récompense d'avoir l'honneur de retenir parmi elle l'Archiduc Joseph ; l'Impératrice lui promit de le lui confier dans un âge plus avancé ; en conséquence, les Hongrois firent bâtir à *Offen*, aux dépens de la Nation, un Palais pour le fils *de Marie-Thérèse*. Les Sujets de la Bohême, ruinés par les dévastations, ne pouvoient payer un impôt établi sur le sel ; il fut supprimé : les déserteurs, condamnés à la peine de mort, en furent affranchis, & leur châtiment fut commué en des travaux publics. Par ce moyen, des hommes qui devoient périr devinrent, par leur faute même, utiles à l'État. La France vient d'imiter cet exem-

---

Passou & de Salzbourg, ou toute autre partie de l'Empire, seront tenus d'exporter en même tems une quantité au moins égale de vins d'Autriche.

ple ; elle conferve des hommes,
dont le crime après tout confiftoit
dans la défobéiffance , affez rigou-
reufement punie par une captivité
perpétuelle : la population avoit
diminué, c'étoit une fuite des guer-
res, les mariages des foldats furent
encouragés ; &, dans l'efpace de
quatre années, on compta quarante mille enfans nés de ces mariages : des établiffemens furent
fondés, pour pourvoir à la fubfif-
tance & à l'éducation de ces enfans.
L'Impératrice en a fait des Sujets
utiles, des Ouvriers, des Artifans ;
elle protégea les Manufactures établies dans fes États, en promettant
des primes & des gratifications à
ceux qui concourroient au prompt
débit des fabrications : elle prof-
crivit l'ufage des galons & des
étoffes d'or & d'argent qui feroient
travaillés chez l'Etranger, dans la
vue de contribuer à l'accroiffement
des Fabriques du Royaume : la

culture du lin, du chanvre, fut expreſſément recommandée : S. M. I. veilloit elle-même aux Manufactures de toile, de coton & de bazin, à la Fabrique des cuirs de Ruſſie.

Sans les troupes, l'État ſeroit la proie des ennemis qui voudroient s'en emparer ; ſans les loix, il s'écrouleroit ſur lui-même : les Rois ſages ont toujours travaillé à affermir la tranquillité publique ſur des principes auſſi juſtes qu'invariables : nos Codes ont été écrit dans ce motif ; mais tels qu'ils ſont, ils ſont inſuffiſans ; il y a trop long-temps qu'ils exiſtent ; ils ne nous conviennent preſque plus : les Royaumes ſe ſont aggrandis, fondus avec d'autres États : le Code du vainqueur n'a pu être propre au vaincu ; de-là vient, même en France, cette foule de Coutumes & d'Uſages, ſi différens les uns des autres : notre Juriſprudence eſt très-obſcure ; nous n'avons *d'é-crit* que peu de choſe vraiment de nous. Juſtinien eſt toujours conſulté : l'Autriche étoit dans la même confuſion. L'Impératrice rendit un Règlement qui établit un principe clair, abrégea les mortelles longueurs des procédures, & donna des entraves aux Juges. La Bohême jouiſſoit déjà de ce bienfait : l'Impératrice de Ruſſie & le Roi de Pruſſe ont réformé les Cours de juſtice, & délivre leurs ſujets des vexations de la chicane. Puiſſent les François détruire un jour toutes les contrariétés de leur Juriſprudence, & réunir par les formes des procédures tant de Provinces qui n'ont depuis long-tems qu'un ſeul & même Chef. Marie-Thérèſe mit au monde l'Archiducheſſe Joſeph : pour toute fête, elle délivra tous les déſerteurs qui devoient travailler pendant leur vie aux fortifications : des cris de reconnoiſſance, les bénédictions des familles lui tinrent lieu de bals & d'illuminations : cette fête ne coûtoit rien à l'Epargne, & étoit bien plus chere à ſon cœur : c'étoit marquer l'époque de la naiſſance de la Princeſſe d'un ſouvenir bien précieux. Quelques années après, Louis XV & Marie-Thérèſe conclurent un Traité au grand étonnement de l'Europe. Les deux maiſons rivales furent unies par des liens ſecrets : on dut cette alliance au Cardinal de Bernis, qui jugea à propos de ſecouer le joug que la politique de Richelieu avoit impoſé ſur le Miniſtere François. Si ce grand politique avoit pu prévoir qu'un jour ces deux Puiſſances ſeroient unies, il ſe feroit épargné bien des peines pour chercher des alliances contre l'Autriche : il étoit plus utile pour la France d'être unie avec elle que de chercher à la combattre ; mais autres tems, autres combinaisons.

François I mourut, le moment approche où Joseph II va paroître sur le Trône, & montrer l'Héritier de mille Vertus. La lettre de condoléance qu'il écrivit à ses Sœurs, mérite d'être rapportée quoiqu'elle soit déjà toute entiere dans des recueils connus.

« Pardonnez, mes chers Sœurs, si dans l'excès de la douleur qui m'accable, & au milieu des occupations dont je me trouve chargé, je m'adresse à vous toutes à la fois. Nous venons d'être frappés du coup le plus funeste qui put nous menacer, nous perdons le plus tendre des pères & notre meilleur ami. Soumettez-vous aux décrets de la Providence, prions sans cesse Dieu pour le repos de son Ame, & redoublons d'attachement pour notre Auguste Mère, le seul bien qui nous reste : Sa conservation fait mon unique foin dans ces affreux moments. Si toute l'amitié d'un Frere , qui ne fçauroit plus vous l'offrir , puifque vous la poffédez depuis long-tems , peut vous être de quelque utilité , ordonnez-en , je trouverai du foulagement à vous fervir , je vous embraffe toutes , & ne demande que de la compaffion pour le plus malheureux fils. »

L'Impératrice fit élire Jofeph II, aux mêmes conditions que François I ; (il fut couronné à Francfort, le 27 Mars 1774.) A peine il fût nommé Corégent qu'il voulut tout voir & tout con-noître. Il commença par ordonner à toutes les perfonnes de fa Cour, & aux membres des différens Col-léges, de lui remettre un état exact de leurs appointemens, leurs noms , leur état, & leurs pen-fions. L'Impératrice avoit fouvent quitté fa capitale pour parcourir fes Provinces, on l'avoit vue véri-

fier des Regiſtres, interroger les
Officiers Subalternes. faire la revue
de ſes troupes, veiller à l'éducation nationale; Joſeph II, dès l'année 1766, viſita les Royaumes
Héréditaires, il prit lui-même
une notice des objets eſſentiels;
les Manufactures, les Fortifications, les Troupes, & la ſitua-
tions des Peuples furent examinés
avec la plus grande exactitude.
Marie-Thérèſe n'avoit point ſuivi
les traces de ſes prédéceſſeurs; la
Cour de Vienne étoit aſſervie avant
elle à une étiquete génante, &
qui ſembloit n'avoir été établie que
pour élever des Barrieres entre le
peuple & le Souverain; l'Impératrice ne s'y conforma point, deux
fois par ſemaine on vit à ſa Table
les Seigneurs les plus diſtingués,
& les Dames les plus qualifiées,
le peuple n'eut rien gagné à cette
réforme. Mais S. M. fixa des jours
d'audience où toutes les Claſſes

pouvoient l'approcher, le Peuple même pouvoit lui écrire, elle répondoit ; jamais elle ne refusa de entendre.

Le peuple alloit la voir & revenoit heureux.

Joseph II est accessible presque tous les momens du jour ; s'il se promene dans sa Capitale, rien ne l'annonce, rien ne le distingue, il parle indifférément à tout le monde, s'il voyage il n'a point de faste, point de suite. L'Impératrice fut en danger de mort en 1767. On vit ce tendre fils constamment attaché au lit de sa mere, la consoler, la servir, passer les nuits. *Un Roi ne connoît combien son Peuple l'aime que quand il est malade,* disoit Henri IV dans des momens pareils ; la France qui trembloit pour ses jours, étoit plongée dans un deuil universel, les sujets de Marie-Thérèse firent éclater pour elle une douleur aussi profonde ; à son rétablissement, elle dispensa de la

Capitation une partie du Peuple, elle remboursa sur les deniers de sa propre Caisse ceux qui avoient déja payé : on frappa une Médaille où le nom de *Mère de la Patrie* lui fut donné ; elle a bien mérité la douce épithete de Mère de la Patrie ; on ne trouva jamais sur le Trône plus de bonté & tant de popularité. Une femme de Luxembourg retenue dans son lit par l'âge & par les infirmités, & qui s'étoit toujours trouvée à la Cêne du Jeudi-Saint, fit dire à l'Impératrice qu'elle étoit inconsolable de ne pouvoir assister à cette Cérémonie, non à cause de l'honneur qu'elle auroit reçu ; mais parce qu'elle avoit été privée du bonheur de voir une Reine adorée. L'Impératrice touchée de ces témoignages, vint elle même dans la demeure de cette vieille femme, elle étoit couchée. « Vous regret- » tez de ne m'avoir point vue, con-

» fol ez-vous, ma bonne, je viens
» vous voir. » — Il exiſtoit dans ſes
Etats un impôt de dix pour cent
ſur les Succeſſions Collatérales,
les Succeſſions des Abbés furent
compriſes dans l'Edit, & à chaque
mutation d'Abbé, l'impôt étoit
perçu ; les Couvents s'abonnerent
avec le Domaine ; mais ils ne laiſ-
ſerent pas d'exiger le dixieme ſur
leurs vaſſaux , par ce moyen un
impôt qui n'étoit dû que par l'Abbé, & dont ſes revenus répondoient
fut impoſé aux cultivateurs ; cette
exaction portoit le nom de *Droit
de Mitre* ; cette uſurpation a été
réprimée : les ſujets ne payent plus
rien , les Monaſteres demeurent
ſeuls chargés. Une autre Ordonnance circonſcrit le droit de Chaſſe
des Seigneurs, permet aux proprié-
taires de fermer leurs champs &
de tirer ſur les ſangliers, veut que
chacun jouiſſe d'une pleine & entiere liberté. Ce droit de Chaſſe,

contre

contre lequel les peuples ont toujours reclamé devroit-il exis-ter ? pourquoi faut-il que l'intérêt particulier domine sur le bien géné-ral ? ne pourroit-on pas dédomma-ger les Seigneurs de la perte de la Chasse illimitée par un droit plus honorifique. L'Impératrice avoit appellé des Financiers François dans ses Etats pour leur confier l'ad-ministration de ses revenus. S. M. ne pouvoit mieux choisir, aucune nation n'a d'aussi bon Calculateurs, & des Financiers plus adroits...... Mais Peuple & Financier ne font point des termes absolument syno-nimes ; Marie-Thérèse s'en apper-çut, & après avoir recueilli des opérations de ces étrangers le fruit qu'elle en espéroit, elle abolit tou-tes les fermes & y substitua une régie qui fut confiée à un Conseil; toutes les branches de l'adminis-tration furent simplifiées, le nom-bre des Classes fut diminué, la

C

TréforerieGénéraledevint le centre
de toute recette & de toute dépenfe,
uneChambre des Comptes fut établie pour infpecter la régie , & une
affemblée de Miniftres travaille
chaque femaine à la perfection du
fyftême des Finances : cette mani-
niere de percevoir les revenus de
l'Etat eft la plus fimple & la moins
difpendieufe.

Le vrai fyftême pour que les Finances en Autriche fuffent proportionnées à la grandeur de fes états, à
la multitude de fes fujets (1) à leur
induftrie, à la fertilité des terres,
ce feroit que le commerce n'y fut
point gêné, que les impôts fe levaf-
fent d'une maniere plus fimple,
plus égale, que cette multitude de
gardes fut fupprimée, & que chaque Province fut chargée de four-

____

(1) Cette adreffe fut préfentée à l'Impératrice
dans le tems, & la détermina probablement
à fupprimer les fermes.

nir une certaine fomme ; il n'en
eſt point qui à ces conditions ne
payât volontiers autant que l'Impératrice en tire actuellement, n'y
gagnaſſent-elles que les profits immenſes que font les Traitans, elles
ſe croiroient trop heureuſes : mais
bientôt devenues plus riches par la
facilité du commerce, elles feroient
en état de fournir de plus grands
fecours , eſt - il néceſſaire que
tous ceux qui manient les deniers
de l'Impératrice foient opulens.
En faut-il tant ? un Receveur ou
deux dans chaque Ville ne ſuffi-
roient-ils pas ? ces Receveurs particuliers auroient tous rapport à un
Receveur général de la Province
qui remettroit immédiatement au
Contrôleur-général ou au Con-
feiller nommé à cet effet, ce qu'il
auroit reçu des Receveurs particuliers. Pour accélérer les payemens,
il fuffiroit de régler que les particuliers qui n'auroient pas fatisfait à leur

taxe dans un certain temps, feroient
obligés de payer de plus après ce ter-
me expiré, le fol, ou les deux fols
pour livres. Les taxés des habitans
de la campagne feroient affifes fur
les terres même & fur les beftiaux,
non fur le commerce qu'ils feroient
d'ailleurs, bien moins fur leur dépenfe à s'habiller, & à fe nourrir.
Toutes exemptions cefferoient,
l'impofition fur les terres fe feroit
fur le prix des trois ou quatre derniers baux, y compris les charges de
la Taille du fel, la Capitation, Sub-
vention, uftehfiles que les fermiers
font ordinairement obligés d'ac-
quitter, par rapport aux villes ; ce
feroit aux Magiftrats à y établir
les impofitions proportionnées à la
quote part qu'elles devroient fournir, tant pour droit de boutique,
de carroffes, de domeftiques ; l'eau
de vie, le tabac & les autres chofes
qui ne font point d'un ufage commun ou nécéffaire, ne peuvent guè-
res être trop taxées. J'ofe l'affurer, fi

l'Imperatrice tire aujoud'hui trois cens millions de ſes peuples, elle en tireroit le double de la maniere dont je parle.

S. M. I. a permis la libre exportation des grains, ſans être ſoumiſe pour cela à des droits d'entrée & de ſortie. Une partie de la légiſlation & celle à laquelle on paroît faire le moins d'attention, c'eſt l'éducation des gens de la campagne; ces malheureux, nés pour les travaux les plus forts, ſont abandonnés à eux-mêmes, nulle inſtruction, ils cultivent comme leurs ayeux, ni mieux, ni plus mal. Les anciennes erreurs s'y tranſmetrent de l'ayeul au petit-fils; des Magiſters qui ſavent tout au plus lire & écrire, mais ſans connoiſſance de la morale, ſe chargent d'élever nos jeunes payſans; des ouvriers ignares qui ne peuvent ſubſiſter dans les villes, ſe retirent dans les petits bourgs; des hommes sous le nom de Médecins, ou de Chirurgiens, abusent de leur confiance; un trait tout récent confirmera ce que j'avance sur ces Esculapes de villages. Un paysan des environs de Chartres avoit eu les doigts gélés en partie lors du froid excessif qui s'est fait sentir pendant les mois de Janvier & Février de l'année 1776; il s'adresse à un Chirurgien de son village; cet homme lui propose un moyen, on ne le devineroit pas, c'est l'amputation de tous les doigts, quoiqu'il n'y en eut que quelques-uns que le froid eut attaqués; le Villageois crédule souscrit avec docilité à l'ordonnance de son Esculape, qui cependant a la modestie d'avouer que le Maréchal de l'endroit, homme habile & plein de dextérité, réussira beaucoup mieux que lui. Le délégué accepte sans répugnance la commission; la victime est amenée ; d'abord on fait poser à celui qu'on veut guérir,

une de ſes mains ſur l'enclume , &
le Maréchal armé d'une hache cou-
pe d'un ſeul coup les cinq doigts ;
le patient place auſſi-tôt ſon autre
main , & d'un ſecond coup les cinq
autres doigts ſont abattus, & voilà
le malade guéri. Si cet acte d'im-
bécilité, de cruauté & d'ignorance, n'étoit bien avéré, on n'oſe-
roit le croire. Le barbare.... il n'a
point héſité à donner ce conſeil
funeſte, il a été préſent à l'éxécu-
tion, il a vu l'imbécille martyr de
ſa cruauté ſouffrir, perdre ſon ſang,
être réduit à la mendicité, il l'a vu..
il vit encore, les remors ou plûtôt
les châtimens ne l'ont point perſé-
cuté. De ce fait il naît une réflé-
xion bien triſte, c'eſt qu'il n'eſt
pas rare de voir la ſanté des gens
de la campagne abandonnée à des
garçons qui ſavent tout au plus
tirer le ſang d'une veine. La Po-
lice n'eſt point aſſez rigide ſur ce
fait important, les Conſuls des

C iv

Communautés ne font point affez
prémunis contre le Charlatanifme
& contre l'ignorance. L'Impératrice
a prévenu ces terribles événemens ,
elle a fondé à Milan une Chaire
d'économie politique qu'elle a confiée au Marquis de Beccaria. C'eft
un Collége où ceux qui veulent
devenir maîtres d'école dans les
campagnes, font obligés d'aller
apprendre eux mêmes ce qu'il doivent enfeigner aux payfans, tant
fur les connoiffances civiles &
Economiques, que morales & reli-
gieufe, on ne permet à qui que ce
foit d'enfeigner dans les petites
écoles à moins qu'il n'ait paffé dans
ce Collége le tems prefcrit , & qu'il
n'ait obtenu les atteftations de ca-
pacité fuffifantes. S. M. I. a encore
fondé une Ecole Pratique de Commerce, où quatre Profeffeurs en-
feignent à des éleves, fils de Mar-
chands & d'Artifans , l'Ecriture ,
l'Arithmétique, le Deffin, la Géogra-

phie relative au Commerce, le style mercantile, les Langues principales, un Cours de Morale dirigé vers le Commerce. On ne sera point étonné que Marie-Thérèse porte si loin les vues sur le Commerce, quand on saura qu'elle suit avec ardeur le projet qu'elle a de rendre ses Etats commerçans ; Ostende, Livourne, Trieste embrasseront désormais toute l'Europe ; de ces trois Ports partiront les Vaisseaux pour la Côte de Coromandel & pour les Indes. La Ville de *Fioume* a été déclarée Port franc. L'Etablissement d'une Compagnie des Indes Orientales est certain. On veut proposer la franchise du Cap de Bonne-Espérance, parce que ce dessein est conforme au-desir de la Compagnie ; le Commerce des Pays-Bas a été singuliérement protégé. Une Ecole Pastorale a été fondée pour l'éducation des Bestiaux. Cette population étoit loin de sa véritable valeur.

Les autres Royaumes, & la France
fur-tout, ont befoin de pareilles
Ecoles, ils ne tirent point affez parti du Bétail. Différens Réglemens
ont été publiés en Autriche pour
encourager différentes branches
d'Economie Rurale, & principa-
lement l'éducation des Abeilles &
des Vers à foie, ainfi que les cul-
tures qui y font relatives. L'Admi-
niftration promet à ceux qui s'y
adonneront des exemptions & des
récompenfes.

Jofeph II a lui-même labouré
un champ. Le Prince de Lichtenf-
tein a confacré cette journée (le
19 Août 1766) par un Monument
de marbre orné de Figures allégo-
rigues. Louis XVI, encore Dauphin, fillonna des guérets ; il feroit
à fouhaiter qu'une inftitution ancienne eut ennobli la charrue en
ordonnant aux Souverains d'y tou-
cher a des jours marqués. Le pré-
jugé n'a que trop avili les Labou-

reurs, qui font nos peres nourriciers. Point de Commerce, point de Luxe fans agriculture, c'eft la mere fource. Cette vérité devroit retentir fans ceffe dans les cabinets des Miniftres, lorfqu'ils font prêts à figner un Edit qui la furcharge d'un nouvel impôt. *Eh! qui me nourrira fi l'on ruine mon Peuple?... S'en prendre à mon Peuple, ventre faint - gris*, difoit le bon Henri I V. On ne peut le perdre de vue toutes les fois qu'on s'occupe d'un bon Souverain; & Marc-Aurele, & Louis XII, & Henri IV, & Jofeph II fe reffemblent tous; on croiroit que la même ame s'eft plue à les animer tour-à-tour. *Jofeph II* fait que l'argent des Peuples doit être employé pour l'utilité commune : c'eft à ces motifs qu'il fubordonne fa générofité. François Premier, fon augufte pere, fe tranfportoit à toutes les incendies, dès qu'il entendoit fonner la cloche; son fils y court avec le même zele, & accélere, autant qu'il est possible, les secours nécessaires. On l'a vu traverser le Danube pendant que ses eaux étoient enflées, & qu'elles avoient rompu tous les ponts, pour procurer des subsistances aux Habitans d'un fauxbourg qui étoit inondé. Les plus hardis Mariniers n'osoient s'exposer pour aller sauver leurs concitoyens; l'Empereur lui-même fut montrer dans cette occasion qu'il étoit le pere de ses sujets. Il a indiqué un jour par semaine où les plaintes & les demandes peuvent lui être présentées en personne : il entend tout le monde, grands & petits, nul n'est repoussé. Ses audiences sont satisfaisantes; il écoute & répond; il promet & tient sa promesse. Celui qui sortit mécontent de l'audience du Ministre, dont la froideur ou l'indifférence l'ont blessé, trouve auprès du Mo-

marque ce tendre intérêt qui raf-
fure, & y puife cette confiance qui
encourage. Rien de mieux établi
que les audiences publiques des
Miniftres : mais rien de plus inutile
par la maniere dont elles font tenues.

Depuis long-tems on a écrit pour
& contre les inftitutions monaf-
tiques. L'autorité n'a point décidé
la queftion ; je n'entrerai dans aucune difcuffion à ce fujet, & puifque
le Gouvernement croit en devoir
tolérer l'étonnante multiplicité, on
doit laiffer en repos ces Religieux
célibataires : mais on peut refpecter
leurs fondations, leur permettre
de vivre ifolés au milieu des villes,
fans que la tolérance doive excufer
leur nullité. Tout Sujet fe doit
à l'Etat ; & les Maifons Religieufes fondées par le Peuple,
s'y doivent particuliérement. Io-
feph II qui connoît l'étendue des
devoirs de l'homme, vifita les Couvens de Religieufes ; il fe fit rendre

compte de la maniere d'y vivre,
& des occupations intérieures. Il
en trouva plufieurs qui goûtoient
d'avance cet état paffif, un des at-
tributs de la béatitude; on n'y faifoit que chanter le Seigneur, &
manger : l'Empereur crut que ce
n'étoit point affez, il voulut les
fanctifier encore par le travail; il
leur envoya une quantité de pieces
de toile pour faire des chemifes à
fes foldats. Tous les Souverains
pourroient tirer le même parti des
Monafteres ; il vaut mieux employer la main de ces filles faintes
à des travaux utiles à la patrie, que
de les abandonner à l'oifiveté, ou
à des occupations frivoles.

Tel eft le Souverain qui partage
avec Marie - Therefe le droit de
faire des heureux ; que ne doit-on
point attendre de lui, quand maître de l'Empire toutes fes actions
pourront lui être imputées ? On
vient de le voir dans fes Etats Roi

sage, toujours occupé de ses sujets; homme sensible, courant au-devant de l'infortune, on va le suivre dans ses voyages : ce ne sera plus l'Empereur, mais un simple particulier, qui joint à un cœur excellent des vues supérieures, & qui va observer, en spectateur sans passion, ces nuances qui mettent une différence entre un Peuple & un autre, & ces Etablissemens utiles qui font donner à une Nation la prééminence sur l'autre. Rome, cette ville si fameuse sous ses Sénateurs, où

Des Prêtres fortunés foulent d'un pied tranquille
Les tombeaux des Caton & les cendres d'Emile.

Rome qui n'est plus guerriere, mais encore la capitale du monde, par les Monumens des Artistes les plus célebres, Rome dont la Politique est si différente des autres Etats de l'Europe, dont les inté-

rêts font fi oppofés, & dont le Chef
reſſemble fi peu aux autres Souverains , devoit l'attirer. Il y arriva
le 15 Mars 1769 ; c'étoit pendant
la tenue du Conclave ; dans un
tems de fermentation. Une voiture
à quatre chevaux , fans aucune
fuite , portoit l'Empereur , fon
grand Ecuyer & Prince de Lich-
tenſtein ; il avoit laiſſé derriere lui
deux de fes Chambellans ; les rues
de Rome par où il devoit paſſer
étoient remplies de peuple : dès
qu'il parut , un cri général de vive
l'Empereur , fe fit entendre. Plufieurs crioient , c'eſt notre Roi :
c'eſt le Roi des Romains. Il renvoya les Gardes , les Députations ,
les Princes chargés de le compli-
menter , il répondit à tout le monde : *je garde l'incognito , je ne veux
recevoir aucuns honneurs.* Le lendemain il fe rendit de très-bonne
heure à Saint-Pierre , il examina
cet édifice pompeux avec la plus

grande attention ; les détails &
l'enfemble rien ne lui échappa. Il
monta enfuite au Conclave, où il
fut introduit feul avec fon frere.
Il dit aux Cardinaux, en fe retirant :
*Meffieurs, je fouhaite que vous faf-
fiez un Pape fans préjugés, & digne
de maintenir les droits de la Religion.*
Son fouhait fut accompli par l'é-
lection de Ganganelli au Pontificat.
Ce Pape, parvenu à la Papauté de
la même maniere à peu près que
Sixte V, avec un caractere plus
conciliant étoit digne comme lui
de gouverner l'Eglife. Il a ménagé
toutes les Puiffances, fans en excepter l'Angleterre, qui l'a beaucoup regretté. Le même jour il y
eût, vers les fept heures du foir,
une illumination fuperbe, & une
grande mufique dans la cour du
Palais *Sforza.* L'empreffement du
Peuple étoit fi grand, qu'il crioit
viva l'Imperatore giufepe, aux por-
tieres de tous les carroffes qui an-

nonçoient quelque magnificence. Parmi les chofes obligeantes que l'Empereur dit à tout le monde, dans le Palais Sforza, les paroles qu'il adreſſa au Bailli de Breteuil, Ambaſſadeur de Malthe, à l'occaſion du Cardinal de Bernis, méritent d'être rapportées. —— Je ſuis bien aiſe de voir le Cardinal de Bernis : c'eſt un homme qui aime l'humanité ; il a travaillé à l'alliance de la Maiſon de Bourbon avec la Maiſon d'Autriche, & à maintenir la paix & la tranquillité dans les Cours de l'Europe.— Ce témoignage précieux pour le Cardinal François, doit l'être encore à toute la Nation, il annonce les deſſeins pacifiques de l'Empereur ſur la France, & ſa ſatisfaction d'être uni avec elle.

Il viſita l'Egliſe de Saint-Ignace, & demanda au Général des Jéſuites l'explication de cette phraſe latine, *Ego vobis Romœ propitius*

èro, qu'il apperçut dans le veſti-
bule. Ces paroles, répondit le Jé-
ſuite, ont été prononcées par Jé-
ſus-Chriſt à S. Ignace. — Voilà le
moment de lui demander qu'il ef-
fectue ſa promeſſe. — Il viſita les
maiſons de campagne les plus a-
gréables de Rome ; dans une de
ces courſes, il eût avec différens
Seigneurs des converſations inté-
reſſantes ſur les devoirs d'un Prince,
& ſur les bornes qu'il devoit mettre
à ſa libéralité. Les Italiens auroient
voulu le trouver plus magnifique ;
mais (1) quand il eût déclaré qu'un
Roi n'eſt que le dépoſitaire du bien
de ſes ſujets, l'opinion changea,

---

(1) Il eut été beſoin de ſavoir qu'à la mort
de ſon pere, il avoit ordonné qu'on reçut dans
le tréſor public la ſomme de quarante millions
de florins, dont il ne tenoit qu'à lui de faire
un autre uſage. Dès qu'il entend parler de
quelques malheureux, il leur envoie des ſe-
cours, il donne ſouvent à ſon valet-de-chambre
ſa bourſe remplie d'or, toutes les fois que ſon
ſervice eſt plus dur.

& on loua ce principe réfléchi d'é-
conomie. Le Prince Doria lui donna une affemblée magnifique dans
fon Palais ; l'Ambaffadeur de Ve-
nife l'invita à une fête où la fociété
ne fut point nombreufe ; l'Empereur fut content du choix qui avoit
été fait des perfonnes , & de l'attention que Son Excellence avoit
eue d'éviter la foule bruyante qu'il
n'aime point. *Votre République ,*
dit – il à l'Ambaffadeur , *eft un*
Gouvernement célèbre , puifque la
liberté , par l'inquifition d'etat , y
conferve fes droits fans inconvé-
viens . & qu'il fe maintient depui
douze cens ans dans fes ancienne:
Loix — On ne pouvoit refumer er
moins de mots la forme du Gouvernement Vénitien, & la févérité
du Sénat, & l'avantage qu'il en ré
fulte pour cette République. Si
c'eft ce coup-d'œil rapide & fûr
qui fait l'homme d'Etat, Jofeph II
doit tenir une place diftinguée par-

mi les Politiques ; il penfe profon-
dément, il s'énonce avec précifion
& clarté. On doit confidérer ici que
c'eft un Empereur, & qu'il eft rare
de trouver ces connoiffances dans
les Souverains : des difcours qui
feroient communs dans la bouche
des particuliers, prennent de la
dignité, de l'importance, de l'intérêt lorfqu'ils font tenus par un
Roi ; tout ce qu'il fait, tout ce
qu'il dit importe à beaucoup de
monde ; c'eft fous ce rapport qu'on
doit confidérer tout ce que je ci-
terai de Jofeph II. *Le Pape*, dit-il,
*a une armée de vingt-cinq à trente-
mille Moines dont il ne fait point
ufage, & dont cependant il pourroit
tirer un grand parti.* — Qu'on ne s'at-
tende point à dés interprétations
malignes. Il eft certain que les
Moines à Rome ne font pas tout
le bien qu'ils pourroient y faire ;
il eft vrai qu'il y en a beaucoup
trop ; il eft vrai qu'on pourroit les

rendre plus utiles : c'eſt tout ce qu'a voulu dire l'Empereur, dont le reſ-pect pour les inſtitutions religieu-ſes égale celui qu'il a pour la Re-ligion. Le Prince Altieri eût l'hon-neur de le recevoir. En ſortant du Palais de ce Prince, l'Empereur ſe promena dans une caléche décou-verte, pour que le peuple put le voir a ſon aiſe. Le Duc de Brac-ciano lui donna une ſuperbe aſſem-blée & un bal. La ſalle où l'on danſoit étoit décorée avec une magnificence récherchée ; les au-tres appartemens étoient peu éclai-rés. C'eſt là que l'Empereur, qui ne fait de la danſe que le cas qu'on doit faire d'un paſſe-tems bien lé-ger, ſe retira pour converſer avec les Etrangers, les Ambaſſadeurs, & ſur-tout M. *de Chevaloff.* Le 23 Mars il reçut M. le Prince de Lam-beſc avec une bonté infinie, dans une auberge où il ne voulut point ſe faire connoître ; la reconnoiſ-

fance qui fut faite à Rome , eût
toute la vivacité du fentiment de
la part du Prince de Lambefc . &
toute l'affabilité de l'amitié du côté
de l'Empereur. Le 16 on illumina
pour lui toute la façade de Saint-
Pierre , le dôme & les portiques ; la
maniere avec laquelle cette Place
eft illuminée paroît extraordinaire.
Un nombre infini d'ouvriers porte
la lumiere par - tout ; au premier
fignal plus de trois mille lampions
éclairent cette fuperbe façade. Le
lendemain , le Prince *Rofpoli* fit
élever fur les murailles de fon Hôtel un trône , fur lequel l'Empereur
affifta à une courfe de chevaux
barbes qui courent au milieu de la
grande rue entre une foule de
peuples & de carroffes avec une
vîteffe étonnante. Le même foir ,
le Prince *Corfini* lui donna une
fête fplendide ; le fouper fut de
fix cens convives diftribués en plufieurs tables , fervies avec ordre &

& magnificence ; l'Empereur parla
à beaucoup d'étrangers, & de préférence aux François. C'eſt à un
homme de qualité de cette Nation,
qu'il dit, dans le cours d'une converſation très-longue & très-ſuivie:
Le Militaire eſt la force & le ſou-
tien de l'Etat , je ferai toujours ce
qui dependra de moi pour y maintenir l'ordre & la diſcipline ; je ne
ſuis point d'avis que chaque Officier monte aux grades ſupérieurs
par ſon âge & ſon rang : l'émulation diminue & s'affoiblit ; quand
un homme a du génie & des talens,
il faut l'avancer promptement, &
le faire connoître ; les récompenſes
accordées à propos font naître l'en-
couragement & forment les grands
hommes ; quand ils ſont véritablement reconnus pour tels, la jalou-
ſie ſe tait, & le vrai mérite ſur-
monte les obſtacles. J'ai fait raſ-
ſembler en Bohéme de petites armées qui ont fait toutes les évolutions

lutions de guerre : ma premiere satisfaction a été de penser que je n'ai
point répandu de sang. Et ensuite il
ajouta : — Le métier de régner est
plus difficile que l'on ne l'imagine ;
on ne peut satisfaire tout le monde,
& par conséquent il y a des mécontens ; il faut s'occuper de ses
devoirs qui sont sans nombre, &
souvent, quand on a cru les remplir, on voit qu'on a été trompé.
On est privé du premier bonheur
de la vie, celui d'avoir des amis.
Je n'ai cependant point à me plaindre sur cet article. J'ai une mere à
qui je dois tout, elle n'a jamais été
occupée que du bien de ses sujets
& de l'éducation de ses enfans.
C'est une femme pleine de raison,
de sagesse & de vertu ; je ne lui
connois d'autre défaut que celui
de ne pas compter assez sur elle-
même.—

Des réflexions sérieuses naissent
naturellement de cette conversa-

D

tion qui peint si bien l'ame du Monarque ; d'abord on ne peut s'empêcher d'y admirer une justesse rare dans la maniere de se conduire pour l'avancement des Officiers. Sans doute il faut un ordre & une discipline dans les troupes ; mais c'est un grand abus aussi de décorer un Officier inutile , & dont tout le mérite a été de porter une uniforme pendant vingt-cinq ans , & de donner à l'ancienneté du rang , ce qui n'est dû qu'à l'utilité du service. Il est des sujets qui ne méritent rien après trente ans de travail : il en est qui dès les premieres années doivent être distingués ; tout accorder à ces derniers , & tout refuser aux premiers : c'est le meilleur moyen d'entretenir l'émulation. L'Empereur l'a senti , & sa conduite est digne d'éloge. Il a rassemblé de petites armées, & sa premiere *satisfaction est de penser qu'il n'a point répandu de sang.*

Qu'a dit de mieux Trajan ? Marc-Aurele a-t-il écrit rien d'aussi consolant pour l'humanité ? N'étoit-ce point dire, les armées sont nécessaires, mais ce sont des fléaux. Le premier vœu de l'homme qui aime ses semblables, est d'en suspendre les ravages ; c'est le mien : — *J'ai une mere a qui je dois tout.* — Elle est bien recompensée de tant de travaux ; elle a donné à ses sujets un fils digne de faire chérir sa mémoire. Son fils est reconnoissant ; mais ce fils est équitable ; il a vu la timidité de sa mere, *elle n'ose compter assez sur elle-même.*

Le 28, le Cardinal Albani lui donna dans sa maison de campagne une fête qui fut la plus agréable de toutes. S. M. I. s'entretint avec le Président *Hocquart* qui arrivoit de Paris avec ses enfans ; Elle parla en homme instruit du Droit François & du Droit Allemand ; Elle surprit les auditeurs qui ne la croyoient

point auſſi verſée dans ces matieres.
Il y eût le ſoir un bal maſqué chez
l'Ambaſſadeur de Veniſe. Le 29,
l'Empereur partit à huit heures du
matin pour Naples.

Le Sonnet ſuivant fut fait pour
l'Empereur , conſidérant la Statue
Equeſtre de Marc-Aurele au Capitole.

Signor, che miri in Campidiglio Auguſto ,
(Ben è degna di te, l'immago altera)
Ov'è colui ch'è generoſo e queſto
Nel piu bel fior deg li anni al mundo impera :

Mira il deſtrier che di meral vetuſto :
Spande dalle narici aura guerriera,
E ſollevato il piè d'al ſaſſo anguſto
Scender giatenti & ſoftenerſi ſpera.

Par'che di al partir la moſſa il ſegno
Principia il moto an'ſi dà moto al corſo ,
Ne ſa nè porre aver freno ne 'l ſegno

Se piu lo miri ha gi a ſpettato il morſo
E per dar luogo a principe ſi degno.
L'antieho e roè ſi ſcotera dal dorſo. (1)

Traduction libre.

(1) Seigneur , qui regardez dans l'auguſte
Capitole , (elle eſt bien digne de vous , cette

Il eut été trop long & peut-être inutile de suivre l'Empereur dans toutes ses courses à Rome; il a vu les choses rares que cette Capitale renferme; Tableaux, Mosaïques, Palais, Eglises, Statues, Pierres précieuses, Monumens antiques, Fouilles Romaines, il a tout vu en connoisseur & en amateur; il a entendu volontiers la bonne Musique d'Eglise; il a accueilli les Artistes qu'il y a vus, & qui ne sont point en grand nombre; il ne lui est rien arrivé de bien particulier dans son incognito, & il ne m'est pas per-

---

grande image, où est celui qui dans la fleur de ses ans commandoit au monde : considérez ce coursier de métal antique : ses narines répandent un souffle guerrier, son pied est soulevé, il semble vouloir descendre, assuré de se soutenir ; votre aspect l'émeut, le mouvement se communique, le frein ni la voix ne sauroient l'arrêter : un coup-d'œil encore, Seigneur, & il part, & le Héros Romain, pour vous céder la place, abandonne ce superbe animal.

mis de donner de la publicité à ce qu'on lui a prêté dans quelques converſations.

Il arriva à Portici le 30 Mars à onze heures du matin ; ſon entrevue avec ſa ſœur, la Reine de Naples, fut très-tendre ; il refuſa tous les honneurs, & voulut continuer l'incognito qu'il avoit gardé à Rome. Le lendemain il parcourut dans la matinée les antiquités des environs ; la Cour donna un bal paré, & pendant qu'on danſoit, il converſa avec des Seigneurs étrangers. La multiplicité des Couvens qu'on voit dans toute l'Italie, fut le ſujet d'une partie de ſa converſation. Il condamna l'injuſtice de ces parens qui forcent leurs filles cadettes à prendre l'habit de Religieuſes, ce qui eſt très-commun en Italie. Il n'approuva point la puiſſance des Moines. Il viſita le Couvent des Chartreux, entra dans toutes les cellules , & accepta une

collation dans la falle du Prieur.
Le 4, il vit la ville de Pouzzol & les
antiquités des environs ; le lendemain il y eût bal dans la falle de
l'Opéra : c'eft la plus belle qu'il y
ait en Italie. Six rangs de loges,
dont les fonds extérieurs font revêtus de glaces, & toutes les frifes
dorées, formoient, par le reflet de
la lumiere, le coup-d'œil le plus
brillant. Le Peuple étoit féparé de
la Nobleffe par une baluftrade placée entre le pro-fcenium & l'orchef-
tre. Le bal étoit toujours pour l'Empereur une occafion de commen-
cer des converfations intéreffantes.
Sur l'éducation, il eût encore lieu
de placer l'éloge de l'Impératrice.
*— Je ne prétens point me flatter
d'avoir profité de celle que j'ai reçu
d'elle ; mais on doit être bien touché & bien reconnoiffant des peines qu'elle s'eft donnée pour élever
elle-même fes enfans d'une maniere fi différente que ne le font*

ordinairement les Princes.— (1) Ensuite sur le choix des sujets qu'on éleve aux places, & où l'on trouve les plus grands abus. — *Je trouve bien singulier qu'on accorde les places aux personnes qui appartiennent à des femmes-de-chambre, ou à des Officiers de notre Cour. Il faut avancer ceux qui méritent véritablement de l'être—. Et sur les prétentions souvent poussées trop loin des grands : — Beaucoup de gens revêtus d'Ordres &*

---

(1) Les discours que je fais tenir a l'Empereur, sont bien de lui : ils m'ont été rendus par un témoin auriculaire & bien digne de foi : ce témoin, homme de qualité, se trouvoit alors à Rome : sa naissance & son rang l'approchoient de l'Empereur, qui lui a souvent adressé la parole ; il ne m'a point permis de le nommer, mais je dois dire de lui, qu'il est à Paris peu de personnes de qualité qui sachent remplir les vuides du tems par desamusemens aussi doux : les belles-lettres, la musique, un jardin, une société choisie, tels sont les objets sur lesquels il aime à se reposer ; & il n'en faut pas davantage pour charmer les loisirs du sage.

de Dignités , qui souvent sont très-médiocres , prétendent qu'on s'en occupe & qu'on leur parle. J'aime mieux m'entretenir avec les gens qui m'amusent , ou qui m'intéressent , dans quelque état qu'ils se trouvent. Le 6, on donna l'Opéra Comique de l'*Idola Chinese* dans la salle du Palais; l'Empereur causa presque tout le rems de la représentation avec la Reine (1). Il visita le Vésuve , parcourut ce mont à pied, & descendit à *Pompeia.* Il avoua que cette ville étoit l'objet de curiosité qui l'avoit le plus frappé. La veille il avoit dîné dans un Vaisseau du Roi. *Si j'étois Roi de Naples, disoit-il, j'au-*

---

(1) L'Archiduchesse Marie-Charlotte-Louise, en épousant le Roi des Deux-Siciles, refusa le don gratuit de vingt mille ducats que la ville de Naples a coutume d'offrir à la nouvelle épouse de son Souverain. Cette somme fut destinée à marier deux cens jeunes filles de la ville.

rois moins de troupes de terre, & *je m'occuperois entiérement de la Marine*. La Marine feroit en effet pour Naples une fource de nouvelles richeffes ; fa pofition eft trèsheureufe pour le Commerce, & l'expofe à tous les coups des Puiffances Maririmes ; des Flottes lui feroient bien utiles. On demandoit à l'Empereur s'il n'étoit point fatigué de courir toute la journée, ou de l'employer au travail fans fe procurer du repos : —*Je ne brûle point ma chandelle par les deux bouts : c'eft ce qui me confervera.*— Tous les voyages entrepris pour l'agrément, n'ont que des plaifirs paffagers : mais voyager pour s'inftruire, mais ne féjourner qu'autant qu'on trouve matiere à inftruction , c'eft être économe, c'eft fe conferver : & tel eft l'Empereur. Il eût de longues conférences avec fa fœur , & il partit enfin pour Florence où il arriva le 18 Avril. C'eft la ville où S. M. I. a fait la plus longue réfidence. Elle fe fit conduire dans toutes les Loges des Dames de la ville, & recommanda expreffément au Comte de Rofemberg de n'en pas oublier une ; Elle a voulu affifter aux couches de la Grande Ducheffe, & être témoin des commencemens de l'inoculation du Grand Duc , auquel elle témoigna la plus vive tendreffe. Son frere voulut, par refpect, fe tenir debout devant lui , & lui offrir la premiere place d'une Loge, l'Empereur après l'avoir prié vainement de ne pas fe déranger , le prit par la main & le fit affeoir : *Vous êtes complimenteur avec un frere.* Il fe retira dans une Maifon de plaifance du Grand Duc qui eft à un mille de Florence; il y menoit une vie privée , fortoit tous les matins à la pointe du jour, à pied, avec un feul domeftique, approchoit les payfans , caufoit avec les fermiers, entroit avec eux dans les détails de la culture.

Le Grand Duc, frere de l'Empereur a mérité d'être cité à côté de lui : depuis qu'il regne à Florence, (1) il a marqué ſes jours par des Loix ſages, il a facilité le commerce en aboliſſant la plupart des taxes anciennes établies à l'entrée de la Toſcane, ſur les denrées importées des Etats de la Maiſon

----

(1) L'Empereur vouloit aller à Rome, il demanda des chevaux de poſte ; un Anglais les avoit tous retenus ; l'Empereur le fit prier de lui en céder quatre, le Milord refuſa.— Eh bien ! je ne partirai que demain matin quand les chevaux ſeront de retour. A Rome il deſcendit chez la Princeſſe *Juſtiniani* qui ne l'attendoit pas encore. — Vous m'auriez vu plutôt ; mais un Anglais qui avoit retenu tous les chevaux de poſte n'a pas voulu s'arranger avec moi.— Ah! Sire, dit le Milord qui ſe trouvoit préſent, que je ſuis humilié ! — Point du tout, vous étiez ſans doute preſſé, je ne l'étois pas comme vous voyez : d'ailleurs j'étois chez moi, il falloit bien que j'en fiſſe les honneurs. Peu de Souverains auroient eu cette douceur dans de pareilles circonſtances.

d'Autriche ; (le tabac, le fel, le fer exceptés) depuis long-tems les droits de marque, de poids, de mefure, nuifoient à la liberté du Commerce intérieur des grains, ainfi que l'afferviffement où étoient les acheteurs de porter leurs bleds & leurs olives à des moulins privilégiés. S. A. R. a anéanti ces priviléges fans en excepter ceux qui font partie du tréfor Royal, il a détruit en même tems les droits de marque, &c... en laiffant aux vendeurs & aux acheteurs la liberté de choifir. S. A. R. a délivré l'induftrie des ftatuts & des maîtrifes qui la gênoient ; les Fabriques de foye & de laine font dans un état floriffant depuis cette liberté : elle a aboli par un Edit le droit d'immunité ou d'afyle, dont jouiffoient les lieux confacrés à la Religion ; ce droit avoit trop long-tems fubfifté, il faifoit honte à une portion d'hommes qui devroient rougir de

s'être opposés à la volonté du Souverain; depuis quand le crime doit-
il trouver un asyle au pied des Autels , tandis qu'il devroit y redou-
ter un Dieu vengeur. S. A. R. a
rendu aux cultivateurs la liberté de
faire leurs récoltes quand & comme
ils voudront ; elle a supprimé divers impôts concernant les Communautés , & pour augmenter la
population agricole , elle a ordonné qu'il seroit tiré du trésor
Ducal, une somme de 120,000 liv.
monnoie de Modène , pour être
placée à intérêt à cinq pour cent ,
qui seroit partagée en dot à de
pauvres filles de campagne , dans
les cantons sur-tout où la population est la plus rare , & où il y a
moins de moyens de monter de
petits ménages rustiques. Les im-
positions sur la vente & l'achat des
bestiaux , sont supprimés ; une société de citoyens a fait frapper en
l'honneur de *S. A. R.* une Mé-

daille où l'on voit d'un côté le portrait de S. A. R. au revers, la figure de l'abondance, qui d'une main tient sa corne, & porte de l'autre un flambeau avec lequel elle met le feu à d'anciens recueils de Loix prohibitives, avec cette devise : *libertate frumentariâ restitutâ opes auctæ*, & à l'exergue, *Principi providentissimo* avec l'année où le Grand Duc a rendu la liberté au commerce des grains. La Toscane doit sa félicité à un fils de Marie-Thérèse, il étoit de sa destinée d'être la Bienfaitrice de presque la moitié de l'Europe, ou par ses fils ou par ses filles : l'union du Grand Duc avec l'Empereur est intime.

L'Empereur quitta Florence pour aller voir Parme où il arriva le 5 Mai, il descendit au Palais de l'Infant, il l'embrassa avec amitié, & sortit avec le Marquis de Félino, connu à Paris sous le nom de Dutillot, pour se rendre à l'auberge où il logeoit ; après s'être habillé, il revint dîner avec l'Infant : *je suis venu exprés vous faire une visite, car je retourne à Florence.* Il séjourna à Parme deux jours & demi, il y eut le premier jour un spectacle de musique, le lendemain il visita la Bibliothéque, l'Académie, le Collége des Nobles, le grand théatre & tous les établissemens faits par l'Infant ; il y eut le soir une grande assemblée où l'Empereur se fit présenter à toutes les Dames ; (1) mais ce qui dut le flatter beaucoup, ce fut un monument en marbre blanc, sous la forme d'un Autel antique, dédié à l'amitié, que l'Infant avoit

---

(1) L'Empereur visitant le grand théatre, rencontra un homme qu'on ne connoissoit point, qui s'approcha des Princes & lia conversation avec eux, il répondit aux personnes qui avoient ordre de l'éloigner : *vado per non mettere la Dissensione frale due potenze.*

fait élever en mémoire de son union avec l'Empereur.

Sa Majesté Impériale arriva à Turin le 11 Juin ; Elle renvoya son Ecuyer & ses Chambellans à l'Hôtel de son Ministre, & descendit seul au Palais du Duc de Chablais. *—Je vous tiens parole, comme vous voyez : c'est à vous de me tenir la vôtre, en venant à Vienne, comme vous me l'avez promis.* Le Duc de Chablais la conduisit chez le Roi, qui la reçut au pied de l'escalier. S. M. I. dit au Roi, en l'abordant: *Mon oncle, je desirois infiniment vous connoître, pour apprendre le métier de regner sous un homme tel que vous, & profiter de vos leçons* (1) *traitez-moi, je vous prie, sans complimens, & permettez-moi d'être avec vous*

____

(1) C'étoit sans contredit au Roi de Sardaigne que l'Empereur pouvoit adresser avec justice de tels propos.

comme de la famille_. Elle paſſa
enſuite chez le Duc de Savoie, &
chez les Princeſſes ; le lendemain
12, il y eût appartement à la Cour.
Le 13, l'Empereur fit une viſite au
Prince de Carignan, & aſſiſta à
une repréſentation d'Opéra. La
ſalle étoit illuminée avec magnificence : S. M. I. voulut aller dans
toutes les loges : Elle traita les Dames avec la plus grande politeſſe,
& cauſa long-tems avec Madame
Joſephine de Carignan. Le 14,
l'Empereur fut à la vigne de la
Reine, & s'appercevant que les
Dames de la Cour paroiſſoient s'en-
nuyer, il les engagea à jouer à
des jeux, tels que le *Corbillon*,
Colin-Maillard, &c, &c, & par
ſon ton, & par ſes manieres af-
fables, il fit naître au milieu du
cercle la gaieté la plus charmante.
Ses plaiſanteries étoient aſſaiſon-
nées de beaucoup d'eſprit & de la

plus grande faillie. On vit à Turin, non fans un peu de furprife, que l'Empereur, que le bienfaiteur de fes États, que cet homme dont l'extérieur eft fi modefte, eft en même-tems enjoué, plaifant, a-droit à varier la converfation, tou-jours à la portée de ceux avec qui il parle, galant avec les Dames, oubliant qu'il eft Empereur pour n'être occupé que du moment. Il vifita les forterefles de Turin ac-compagné feulement des Ducs de Savoie & de Chablais, & d'un valet-de-chambre. Il a féjourné huit jours, & a tout examiné; il a eu de longues conférences avec le Roi, ils fe font féparés enchantés l'un de l'autre, & s'eftimant tous deux.

Dès qu'il fut arrivé à *Milan*, il reprit les travaux de l'Empire; on publia, par fon ordre, qu'il don-neroit audience tous les matins pendant deux heures, & qu'il rece-

vroit toutes les requêtes qu'on vou-
droit lui préfenter. Il travailloit
toutes les après-dînée avec les Miniftres. D'après les repréfentations
générales, il diminua de deux cens
mille florins les impôts qui fe per-
cevoient dans la Lombardie. Depuis que l'Archiduc Ferdinand fon
frere en eft Gouverneur, ce pays
s'améliore de jour en jour. L'im-
mortel ouvrage de Fénélon, ce
Télémaque, rempli de tant de fa-
ges inftructions, & que tous les
Rois devroient avoir toujours ou-
vert au chapitre de *Salente*, eft,
dit-on, le Manuel de ce Prince.
Tout le tems qu'il a demeuré à
Vienne, jamais il n'a refufé fa protection à ceux qui la demandoient ;
il obligeoit avec le plus fenfible
plaifir ; la veille de fon départ de
Vienne on préparoit des fêtes :
— *Ma mere, en voilà trop. Ces
fêtes...ces illuminations, cela coûte
tant ; & puis, fi c'eft un plaifir, il*

est si-tôt évanoui...Je sais quel est l'emploi qu'on pourroit faire de cet argent... si vous vouliez.... L'Impératrice lui remit une somme considérable, il courut la distribuer aux plus indigens, & revint, la larme à l'œil, embrasser sa mere, en lui disant : *Ah ! maman, que n'étiez-vous présen. à ma fête !* La Province lui fit un don gratuit de douze cens mille livres, à l'occasion de son mariage avec la Princesse de Modene; Son Altesse Royale ne le reçut que pour l'employer à des travaux d'une utilité publique. Elle abolit entiérement l'Inquisition; Elle réforma une loi qui privoit de la succession de ses parens , toute femme mariée hors de la Province; mais ce qui caractérise mieux sa bonté, c'est le jour d'audience fixé au mercredi de chaque semaine, & l'heure à laquelle S. A. R. la donne: l'hiver, c'est à six heures & demie du matin, & l'été, d'abord après le lever du foleil. La moitié du monde regardera fans doute ces heures d'audience un peu trop matinales ; & je ne ferai point d'injuftice à perfonne , quand j'affurerai qu'il y a peu de Miniftres que l'amour du bien public réveille de fi bonne heure ; l'Empereur eft toujours levé de grand matin , mais il fe montre plus tard en public ; le Roi de Pruffe emploie comme lui fes longues matinées à travailler feul dans fon cabinet.

L'Empereur ayant achevé heureufement fon voyage d'Italie , fut reçu avec acclamation à Vienne , & trouva dans la tendreffe de fa mere ces confolations dout l'abfence l'avoit privé (1). Il reprit fes occupa-

----

(1) L'Empereur a toujours été vêtu pendant fon voyage en Italie, d'un habit uniforme tout uni , fans ordre ni diftinction ; fa phyfionomie , a dit un homme de qualité , eft fiere & fpirituelle ; fon air eft férieux & impofant : fes yeux ont de la fierté & de la douceur, fon

tions journalìeres, & multiplia à l'infini ces actes de bienfaifance qu'on
a eu foin de recueillir , & qu'on lit
avec tant de plaifir. Le malheur
des tems vint émouvoir fa fenfibilité. La difette fe fit fentir dans
la Bohême : on manqua de bled
pendant deux jours. La populace
couroit les rues en demandant du
pain ; les vols, les meurtres, fui-
tes inévitables de la famine, portoient le défordre à fon comble.
Les plaintes, les reclamations
étoient accueillies aux pieds du trône : mais les ordres donnés pour
appaifer ces troubles étoient fans
exécution. L'Empereur part en di-
ligence fe tranfporte fur les lieux ,
interroge tous ceux qui peuvent

---

fourire eft agréable ; il fe préfente avec grace :
fa contenance n'eft jamais embarraflée ; il parle
Italien , François , & poflede la langue-latine :
il eft très inftruit ; mais moins dans ce qu'on
appelle la belle littérature , que dans les arts
utiles.

l'inftruire ; il entre dans la cabane du payfan, le queftionne, l'écoute, & apprend de cet homme fimple, mais dont le bon fens eft droit, d'où proviennent tous les fléaux. Il inflige des peines aux coupables, il fait venir des grains ; deux millions fagement diftribués fous fes yeux appaifent tant de maux ; il en eût coûté le triple s'il s'en fut rapporté à des fubalternes, & ils auroient fait des mécontens : l'œil du maître fit des prodiges. Pendant le féjour qu'il fit à Prague, il ne voulut jamais aller au fpectacle : — *J'ai trop d'affaires pour perdre mon tems à m'amufer.* Il admettoit à fa table tous ceux qui s'acquittoient de leurs devoirs, & la plupart de ceux qui venoient lui préfenter des requêtes ; le nombre des convives fut un jour fi grand, qu'on lui repréfenta qu'il manquoit de vaiffelle. — *Qu'importe ; on trouvera ici fuffifamment d'étain.....* Ces Meffieurs

fieurs voudront bien excufer un voyageur—. Les Juifs avoient la plupart des impôts en ferme ; l'Empereur ordonna que toutes les impofitions feroient mifes en régie, & fit défenfes d'y employer des Juifs. Ecoutons pour un fecond voyage le Nouvellifte du tems. --L'Empereur eft arrivé à Triefte, accompagné des Généraux Collorede, Siskouvik, Noftiz & fon Grand Ecuyer ; la difficulté des routes, les montagnes qu'il falloit gravir n'ont point arrêté ce Monarque. Il étoit fouvent obligé de marcher à pied. Il s'eft montré partout laborieux, frugal, dur à lui-même, & en même-tems doux & compatiffant envers les peuples fur lefquels il répandoit les marques de fa bienfaifance. Il a vifité foigneufement les Hôpitaux, il eft entré dans les moindres détails, les lits des foldats & des pauvres, leur nourriture, leurs traitemens ont

E

été les objets de son attention, les endroits où sont enchaînés les forçats, ceux où les insensés sont renfermés, ne lui ont point paru indignes de sa présence ; l'humanité l'y a entraîné, la sensibilité lui a fait abréger de moitié le tems de la captivité des uns, & verser des bienfaits sur les autres. Le faste ne le suivoit point dans son voyage ; logé à l'auberge, sa porte n'étoit fermée à personne de ceux qui avoient des graces à lui demander, le seul ordre qu'il ait donné étoit de les introduire sans délai.

La seule différence qu'on ait pu remarquer entre Joseph II dans ses Etats, & M. le Comte de Falkenstein à Paris, c'est qu'il a oublié ici qu'il étoit Empereur, qu'il n'a admis personne chez lui, & qu'il a refusé de lire les Poésies que des Ecrivains ont cru devoir lui offrir. Je vais transcrire celles qui méritent d'être accueillies.

(99)

Vers à l'Empereur.

Ce que vous refufez d'honneurs,
Et d'éclat & de gloire,
Sera configné dans nos cœurs,
Bien mieux que dans l'hiftoire.

Les Voyages de Jupiter, Fable.

Autrefois le Maître des Dieux,
Quittant fon aigle & fon tonnerre
Et l'appareil brillant des Cieux,
Sous de fimples dehors defcendit fur la terre,
Il étoit las des fuprêmes honneurs,
Des rayons importuns dont fon olympe éclate,
Et dépouillant les titres que l'on flatte,
Il vouloit refpirer le pur encens des cœurs;
Projet digne d'un Dieu ! Celui-ci pour exemple
Se propofoit aux autres immortels.
Il vient par des bienfaits conquérir des Autels,
Le Ciel fut fa prifon & la terre eft fon temple.
Sous de ruftiques toits entrant avec bonté,
S'il y furprend la timide indigence,
Il appelle l'humanité
Pour que fa main prodigue y verfe l'abondance,
Et chaque fois que le pauvre enchanté
Pleure de joie en fa préfence,
C'eft alors qu'en fecret il bénit fa puiffance,

E ij

C'est alors qu'il jouit de sa Divinité.

Dans ses courses trop passageres,

Il s'aggrandit encor par l'oubli de ses droits,

Aimant, faisant le bien, l'inspirant à la fois,

Protégeant les pasteurs & dotant les bergeres :

J'entends quelques censeurs & des Rois & des
    Dieux

Se récrier : ce n'est que dans les fables

Que les tristes mortels sont fortunés par eux ;

Plus les rêves sont beaux, & moins ils sont
    croyables ;

Le cœur me dit pourtant que cet emblême
    heureux

Doit nous charmer un jour sous des traits
    véritables,

Et je compte, en dépit de ces censeurs fâcheux, (1)

Sur des Dieux très-humains & des Rois très-
    aimables.

Vers à l'Empereur.

Sans l'appareil de la grandeur,

Nous aimons à voir la splendeur

Des vertus qu'en vous on renomme,

---

(1) Cette fable de M. Dorat est, de toutes les poésies qu'on a présentées, la plus ingénieuse ; la louange n'y est point directe & n'en est que plus fine & mieux reçue.

Et plus vous cachez l'Empereur,
Plus vous faites admirer l'homme.
Un peuple aimable & doux , peut-être un peu
léger . . . .
Mais aimant l'honneur & son maître,
Epris du vrai mérite & sachant le juger,
Vous voit d'autant plus grand que vous voulez
moins l'être.
Ah ! Soyez toujours notre ami ,
Que de l'aigle & des lys , pour le bien de la
terre ,
— — resserre le nœud par l'amour affermi :
France , à jamais des fruits d'une union si chere,
Puisses-tu goûter la douceur !
Et ne jamais avoir en adorant la sœur,
Qu'à former des vœux pour le frere. (1)

Vers à l'Empereur.

De vos propres sujets n'avez vous point assez ,
Voulez-vous donc régner sur tout ce qui respire ?
Gagner ainsi les cœurs par tout où vous passez,
Des Princes vos voisins, c'est usurper l'Empire ,
Mille vertus vous font chérir ,

---

(1) Ces Vers sont de M. Saurin, de l'Académie
Françoise.

Des bienfaits font les Loix que votre cœur
impofe : (1)
Et voyager & conquérir,
Eft pour vous même chofe. (2)

M. le Comte de Falkenftein eft arrivé à Paris le 18 Avril 1777 ;

----

(1) Ces jolis Vers ont été attribués à une
Dame qui a fans doute beaucoup d'efprit , puifqu'on lui en a fait honneur ; ils font cependant
de M. *le Grand.*

(2) Je renvoie les amateurs de Poéfies à
l'ouvrage de M. du Coudray; ils y trouveront
tout ce qui a été dit à l'occafion de l'Empereur
dans prefque toutes les langues , foit en vers ,
foit en difcours , foit en dialogues. Je crois
cependant qu'on en peut dire ce qu'un Gafcon
en dit à l'Empereur dans les Vers fuivans :

Monarque vraiment grand , Prince vraiment
fublime !
Vous acceptez la Profe & rejettez les Vers ;
Seroit-ce, Cadédis ! par mépris pour la rime ?
Acceptez les écrits des Poëtes divers ,
Ne craignez pas au moins que je vous en impofe,
Et Votre Majefté n'aura que de la Profe.

On doit diftinguer une Idille Grecque qui n'eft
pas fans mérite , des vers de Madame Guibert
adreffés à M. du Coudray m'ont paru finir
heureufement :

. . . .

Cependant je l'ai vu cet aimable Empereur,

. . . .

il eſt deſcendu à l'hôtel du Comte
de Mercy ſon Ambaſſadeur à Verſailles. Il étoit accompagné par
MM. de Colloredo, de Cobenzel,
de Belgiojeſo. Le vendredi 19, il
a été préſenté par la Reine à Sa
Majeſté, à Monſieur, frere du
Roi, à Monſeigneur le Comte
d'Artois; à Madame; à Madame
la Comteſſe d'Artois; Madame
Elizabeth, Meſdames, tantes du
Roi: il a viſité les Princes du Sang
& enſuite les Miniſtres (1); il

____

Et de le célébrer je n'aurai point l'audace ;
Je m'en vais renfermer tous mes vœux dans
      mon cœur,
Mais comment faut-il donc que mon pauvre
      cœur faſſe ?

(1) L'Empereur a viſité les Dames de qualité
ci nommées, & celles chez qui il a paſſé des
ſoirées ſont marquées par la lettre S.

Meſdames

Louiſe , Carmélite , tante du Roi.	La Ducheſſe de Val-liere ,
La Ducheſſe de Char-tres , S.	La Princeſſe de Mar-ſan ,
La Princeſſe de Conti.	La Princeſſe de Bouil-lon.
La Comteſſe de Bur-quoi.	Necker , S.

E iv

s'eſt fait inſcrire chez les Seigneurs de la premiere qualité, &
s'eſt préſenté lui-même aux Dames
à qui il a tenu des diſcours qui ra-
menoient avec eſprit, ou des éloges généraux pour leur famille, ou
des choſes agréables pour elles. On
ſe rappelle avec quel courage Meſdames ont ſervi Louis XV dans
ſa derniere maladie : l'Empereur

Blondel, S.	Duche. du Chatelet, S.
Comteſſe de Bentbein.	Duchesse de Praſlin.
Joffrin.	Ducheſſe Danville, S.
Comteſſe de Viri.	Ducheſſe de Duras.
La Ducheſſe de Bour- bon, S.	Ducheſſe de Coſſé, S.
	Comt. de Matignon.
La Comt. de BrionneS.	Comteſſe Jules de Po-
La Maréch. de Mouchi.	lignac.

En revenant de la Machine de Marly, l'Empereur a viſité le charmant Pavillon de *Lucienne*
où étoit Madame la Comteſſe *du Barry*. S. M. I.
a vu la maiſon de Mademoiſelle *Guimard*,
Danſeuſe de l'Opéra.

L'Empereur a viſité M. le *Prince de Condé* à
Chantilly, M. le Duc *de Penthievre* à Sceaux ;
le Lord *Stormont*, Ambaſſadeur d'Angleterre,
l'aſſemblée des Ambaſſadeurs, le Prince de
Paar, le Comte *d'Aranda*, S. le Général *Loch*,
M. *Necker*, S. le Maréchal *de Biron*.

les affura combien il étoit pénétré de leur conduite. —*Le facrifice généreux de votre propre vie pour conferver la fienne, eft un trait du plus grand héroïfme, il ne s'effacera jamais de ma mémoire—.* Il eft lui-même fi bon fils ! Il avoit déja donné l'exemple. A Vienne, Jofeph I I n'eft que le premier Courtifan de fa mere. On étoit étonné de le voir à l'œil de bœuf fe confondre dans la foule en attendant le lever du Roi. —*Je fuis accoutumé,* répondoit-il, *à faire ma cour à ma mere—.* Il affifta au dîner public du Roi, comme un particulier, debout derriere le fauteuil ; il demandoit avec empreffement d'être préfenté à tous les Seigneurs de diftinction à mefure qu'ils venoient chez le Roi, ce qui procura cet honneur à M. le Prince de Liftenois , Vice-Amiral de France. Il parloit avec bonté à ceux qui l'approchoient. —*Mais couvrez-vous*

E v

—*Vous me gênez*. --*Je ne le per-*
mettrai point. —*Remettez - vous*.
—*Parlons*—. Il viſite le Pont de
Neuilly ; il eſt reconnu, on accourt :
le ſoleil étoit ardent, il ſe retourne,
il ne voit que des têtes découvertes, il en paroit ſurpris ; lui-même
il tire ſon chapeau, & après une
pauſe, il dit aux aſſiſtans : *Meſ-*
ſieurs, couvrons-nous, le ſoleil eſt
trop fort.

L'Empereur a logé dans un hôtel garni (1) ; ce logement conve-
noit mieux que tout autre à la
liberté dont il vouloit jouir. Le
Duc de Virtemberg n'a du qu'à
une ſupercherie bien ingénieuſe,
& non moins délicate, l'honneur
que S. M. I. lui a fait de deſ-
cendre à ſon Palais. Ce Duc inſ-

---

(1) L'Hôtel de Tréville rue de Tournon, P.
B. S. G. D'après la permiſſion de S. M. I. le
Proprié aire a fait mettre en inſcription ſur ſa
porte : *Hôtel de l'Empereur Joſeph II*, année
1777.

truit des intentions de l'Empereur,
au premier bruit de ſon arrivée fit
fermer toutes les auberges, & mit
à ſon Palais cet écriteau: *Hôtel Im-
périal.* Un Prince d'Allemagne a
dû, dit-on, à la même adreſſe,
l'honneur de recevoir S. M. I. ; il
s'étoit fait lui-même Chef de cui-
ſine, & au départ de l'Empereur,
il ſe déguiſa en poſtillon, & le me-
na, avec ſes propres relais, deux
poſtes, avec la plus grande vîteſſe.
M. de la Luzerne, Ambaſſadeur à
Munich, ayant fait demander à
l'Empereur à quelle heure il per-
mettroit à Son Excellence de lui
rendre viſite. —*Ces égards,* répon-
*dit-il, ſont dûs à l'Empereur, mais
c'eſt à M. le Comte de Falkenſtein
à prévenir M. l'Ambaſſadeur de
France*—. Ce trait ſuffit pour annoncer la rigueur de l'incognito
que S. M. I. a gardé. Ce traveſtiſ-
ſement lui coûtoit peu ; l'Europe
ſait depuis long-tems qu'il ne veut

paroître Empereur que le moins qu'il lui eſt poſſible. — *Vous ne me verriez pas plus brillant à Vienne qu'à Verſailles, hors dix ou douze fois l'année que je ſuis forcé de faire l'Empereur*, répondoit-il à un Seigneur François, qui, ſans ſon âge, eût été lui faire ſa Cour à Vienne. Cette modeſtie aimable & touchante ſeroit une vertu dans un homme obſcur; combien elle ajoute à la dignité d'un Souverain qui dépouille la ſplendeur du rang pour pouvoir ſe rapprocher de ſes ſujets. J'aurois mille traits de bienfaiſance à citer, dont ſon incognito a fait naître l'occaſion, & que le Monarque n'eût jamais eu la douceur de faire, parce qu'il eſt bien difficile d'arriver juſqu'à lui. Jamais application plus juſte que celle qui fut faite à la repréſentation d'Œdipe, de *Laïus* à Joſeph II.

Ce Roi plus grand que fa fortune ;
Dédaignoit comme vous une pompe importune;
On ne voyoit jamais marcher devant fon char
D'un bataillon nombreux le faftueux rempart ;
Au milieu des fujets foumis à fa puiffance ,
Comme il étoit fans crainte, il marchoit fans
  défenfe.
Par l'amour de fon peuple il fe croyoit gardé.

La falle retentit du bruit des acclamations; tous les yeux étoient fixés fur lui. Cette louange n'étoit point intéreffée, elle n'avoit point paffé par la filiere du courtifan ; un peuple entier, cette claffe d'hommes qui n'a que de la fenfibilité pour éloquence & pour intérêt , le plaifir qu'il trouve à honorer les vertus; c'eft ce peuple qui des bas-fonds du parterre a fait partir des applaudiffemens qui ont entrainé toute l'affemblée. Ecoutons cette femme chargée par fes compagnes de haranguer S. M. I. elle porte la main fur l'habit du Prince, le baife & s'écrie : *Heureux les Peu* ples, *Monseigneur le Comte, qui payent les galons de vos habits !* De pareils hommages dédommagent bien de la privation de l'éthiquete royale. Les serviles respects qu'elle entraîne n'ont jamais cette douceur que communique dans l'ame d'un Souverain sensible, l'expression vive & franche du sentiment exalté. Rois, voilà un modele... Quel frein pour les Ministres qui savent que leur maître est accessible, & que' la vérité peut à tout instant en être entendue !

Il est difficile d'être un Héros aux yeux de son valet-de-chambre, a dit une Dame de beaucoup d'esprit : elle avoit raison. Ces Grands qu'on ne voit que sur un piedestal, paroissent au-dessus de la structure commune ; vus hors du point d'optique, ils ne sont plus que nos égaux. Joseph II n'a point voulu s'assujettir à une enflure de convention qui rend le Monarque

ſi inégal , ſi différent de lui-même .
d'un moment à l'autre. *Henri IV*
(répondit l'Empereur à ceux qui
lui faiſoient obſerver que ſa Statue
ſur le Pont-Neuf étoit au milieu
du peuple) *ſavoit bien ſe placer;*
& Joſeph II ne ſait pas moins bien
ce qu'un Roi doit être. Il ſait qu'il
eſt homme & qu'il commande à
des hommes. Quand il vouloit envoyer un Courier à Vienne, il pré-
venoit les gens de ſa ſuite, qu'ils
euſſent à lui apporter leurs lettres
pour les faire partir ſous ſon en-
veloppe : un d'entr'eux n'écrivoit
point. —*Pourquoi n'écris-tu pas ?*
N'as-tu rien a envoyer à ta fem-
me ?— *Si fait, M. le Comte, mais*
je n'ai point de papier, & le Cou-
rier va partir. ——*Voilà du papier :*
va-t-en écrire, le Courier atten-
dra : dépêche-toi. —Ce trait de popularité eſt unique peut-être dans
un Roi ; en voici un autre qui peint
plus en grand l'homme eſtimable.

Des Seigneurs de la Cour de Vienne fe plaignirent de ce que le petit peuple fe mêloit avec eux dans les promenades publiques. Ils fupplierent S. M. I. de faire fermer le *Prater* , & d'ordonner que l'entrée n'en fût permife qu'à des perfonnes de qualité. L'Empereur , furpris de cette demande, leur répondit : *Si je ne voulois voir que mes égaux , il faudroit que je m'enfermaffe dans les caveaux des Capucins où repofent les cendres de mes ancêtres. J'aime les hommes fans diftinction , & je préfere ceux qui ont de la vertu & des talens , à ceux dont tout le mérite eft de compter des Princes parmi leurs ayeux. J'aime les hommes fans diftinction* ; réponfe fublime dans la bouche d'un Souverain qui a des peuples à conduire. Il feroit à fouhaiter qu'elle devînt une maxime commune à tous les maîtres du monde. Ce n'étoit point au Prince qui parloit

de la forte qu'on devoit dire, lorfqu'il traverfoit le Louvre, & qu'il
parut furpris d'entendre le tambour
battre, c'eft pour écarter la foule.
— *Oh ! je faurai bien paffer fans
cela*. Ce n'étoit point la premiere
fois qu'il s'étoit trouvé au milieu
de fon peuple fans en être incom-
modé. Henri IV répondit à l'Ambaffadeur d'Efpagne qui paroiffoit
étonné de voir le peuple fi près du
Souverain : *Ce n'eft rien, M. l'Ambaffadeur, dans un jour de combat
ils me ferrent bien davantage.*

La Reine vouloit célébrer le féjour de fon frere en France par des
Fêtes dignes de la magnificence de
la Cour de nos Rois : mais ce
n'étoient ni des bals, ni des tournois, ni tous ces fpectacles auffi
coûteux que frivoles qui pouvoient
l'intéreffer. Trop accoutumé à ap-
précier les plaifirs de la repréfen-
tation, qui ne font bien fouvent
qu'un ennui faftueux & la fauffe

monnoie de la grandeur royale.
L'Empereur remercia bien fin-
cérement S. M. des foupers en petit couvert, où la famille feule
étoit réunie; la concorde, la gaieté,
c'eft tout ce qu'il a cru devoir pré-
férer. Il n'a jamais voulu accepter
un fauteuil. _ *Sire, dans mes voyages vous devez bien penfer que je
ne trouve pas des fauteuils. Ce
fiege me gêneroit : un pliant me
fuffit_.* Eh bien , qu'on me donne
auffi un pliant, répondit le Roi,
La Reine voulut encore un pliant,
& le dîner fut auffi bon avec trois
pliants qu'avec trois fauteuils.
L'Empereur difoit vrai; il y a plus:
& l'on aura peine à croire que fa
couche n'eft qu'une peau de cerf
étendue fur le plancher, & un peu
de paille fraîche dont il eft jonché
tous les foirs, & fur laquelle on
place un drap. L'Hiftoire offre peu
d'exemple femblable parmi les
Souverains. Il n'en eft point qui

ait porté jufqu'a ce point la haine contre la molleffe, ce vice des ames foibles. Peu de particuliers auroient le courage de faire de pareils facrifices ; quelle leçon effrayante pour nos voluptueux. Qui de nous ofera fe plaindre ? Ne craindra-t-on point qu'une voix s'éleve & nous dife : « Qui êtes-vous, pour ofer vous fervir de la foie & de l'édredon ? Regardez vos égaux, plus utiles que vous ; ils dorment, & ils n'ont que le plancher pour lit, & une pierre pour chevet ; regardez le Souverain de l'Allemagne, une peau de cerf & de la paille, voilà fon lit ».

L'Opéra de Caftor & Pollux a été repréfenté pour lui dans la fuperbe falle de Verfailles. Ce fpectacle étoit néceffaire, aujourd'hui que l'Opéra eft abandonné à des Muficiens étrangers. Il falloit que M. le Comte pût juger du mérite de notre Musique nationale, qui, sous la lyre de *Rameau* (1) peut rappeller encore ces tems où *Linus* chantoit les Vers d'*Orphée*. M. le Comte fut aussi satisfait de la Musique, que du Poëme & de la pompe du Spectacle. Il parut plus content des talens des Demoiselles *Allard*, *Guimard*, *Peslin*, &c ; que des chanteurs. La demoiselle *Arnould* qui joua le rôle de *Thélaïre* fit les plus grands efforts, & se surpassa : sa voix étonna, & fait regretter qu'elle ait le desir de quitter le

____

(1) Rameau donna l'idée dans ses Monologues de *Dardanus* & de *Castor*, d'un récitatif pathétique ; il approcha plus que *Lully* des accens de la Tragédie, il composa des chœurs sublimes, il déploya toute la fécondité d'un génie, créateur dans ses airs de danse, & par l'inépuisable variété des caracteres qui la distinguent, par l'heureux choix des traits qui les composent, des mouvemens qui les animent, par le mélange & le dialogue des instrumens qu'il y employoit, il s'est fait en ce genre une réputation qu'on aura peine à effacer. *Essai sur la Musique.*

Théâtre où fa jeuneffe fembloit promettre une plus longue durée. Puiffe cet Actrice remplie d'efprit, & qui fembloit avoir pris Ninon pour modele, prolonger, comme elle, fa carriere.

Dans les Fêtes particulieres de Trianon & de Choifi, S. M. I. a daigné faire connoître aux principaux Acteurs le cas qu'Elle faifoit de leurs talens. Aucun fpectacle n'a pu offrir une variété fi piquante, un choix auffi exquis de Poëmes, de Ballets, d'Acteurs & de Danfeurs (1),

---

(1) L'Empereur a dîné avec la Reine le 13 Mai au *Petit Trianon*, où S. M. lui a donné des petites fêtes. L'Empereur s'eft promené l'après-dîné dans les bofquets ; des jeunes Acteurs avoient été placés çà & là, & arrêtoient S. M. I. par des impromptus analogues à la fête, & très-piquans. Cette efpece de fpectacle étoit ingénieux, & on ne pouvoit s'y prendre plus adroitement pour louer avec délicateffe. *Noverre* avoit ordonné tous les Ballets, les mêmes jeux ont été répétés à Choify où il y a eu des fpectacles plus fuivis, & où les Acteurs François fe font piqués d'émulation.

L'Empereur a accompagné le Roi à sa Revue dans la plaine des Sablons ; il étoit en uniforme verd : il a été satisfait de la beauté des deux Régimens. Avant la réforme de la Maison du Roi, il eût pu voir aux environs de Marly une armée d'élite, aussi belle au coup-d'œil par la richesse des uniformes, par la taille des chevaux, que par la jeunesse des Corps; Mousquetai-res, Chevaux - Légers, Gendar-mes, Carabiniers, Grenadiers de France, Gardes du Corps, qui tous composoient environ douze mille hommes.

Le Régiment des Gardes-Fran-çoises a répété, après la Revue, ses Evolutions au Champ de Mars, L'Empereur y assistoit, & sa pré-sence attiroit un concours prodi-gieux de personnes. Les Seigneurs & les Dames s'y rendoient dans le plus simple négligé. C'étoit un spectacle nouveau, & bien propre à aiguillonner une troupe de braves soldats. Peut-être nos femmes affistent-elles trop rarement à ces exercices militaires; qui ne connoît leur empire? & que ne feroient point les François pour la gloire & pour l'amour?

Il n'eft point de François que l'amour aviliffe,
Amans, aimés, heureux, ils cherchent les
combats.

La curiofité de voir ce corps de foldats n'étoit pas tout-à-fait ce qui amenoit l'Empereur; il recherchoit nos Officiers - Généraux; il vouloit les connoître, les entendre, recueillir ces à-propos que des évclutions guerrieres amenent naturellement. Il a vifité ceux qui étoient connus; il a fait l'honneur à M. *le Comte de Broglie* de manger chez lui. Placé entre Madame de Brionne & le Maréchal, il converfoit avec ce dernier; mais toujours interrompu par des Dames qui l'interrogeoient, il leur dit enfin avec grace : *Mille pardons, Mes-dames, je ne puis en même tems causer & parler.* Des interrogations à peu près aussi pressantes, dans une autre circonstance, le mirent dans la nécessité de faire une ré-ponse qui décéla l'homme réfléchi, qui n'aventuroit rien. Les troubles de la Grande-Bretagne avec les Colonies étoient en question ; les opinions étoient diverses..... *Eh bien, M. le Comte, que pensez-vous de ces querelles ?* --Mon métier, à moi, c'est d'être Royaliste.

M. le Comte visite l'Hôtel-Dieu : il parvient aux salles des femmes enceintes ; il entend des cris, il en est déchiré ; il s'adresse au cortege des filles de charité, & lui dit : *Mes Sœurs, vous ne regret-tez pas, sans doute, le vœu de vir-gnité que vous avez fait.* Pouvoit-il dire autrement, dans ces momens, où des malheureuses payoient si

cher

cher un inftant de foibleffe! Non, fans doute, ces vierges n'ofent fe repentir d'être chaftes au milieu des cris & des fouffrances de tant d'infortunées. Ce propos n'a rien de dur, & fut-il une plaifanterie, l'Empereur a pu fe le permettre (1). Cette anecdote laiffe, il eft vrai, des idées un peu triftes ; on ne peut s'empêcher de plaindre un fexe fi foible d'être condamné par la Nature à la plus cruelle des peines. Par où a-t-il mérité fur nous la pénible préférence de porter un fardeau qui n'eft rejetté qu'avec les plus grands dangers. L'Empereur fit un préfent à l'Hôtel-Dieu

---

(1) S: M. I. a vifité la maifon & le jardin du fieur *Beaujon* ; les deffins des Ponts & Chauffées chez M. *de Trudaine* ; la maifon de M. *de Sainte-Foi*, à Neuilly ; *Comus* ; *Loriot* ; *Berthoud*, Horloger de la Marine ; la maifon du fieur *Demonville* ; M. *de Vaucanfon* ; *Robert*, Peintre du Roi ; le cabinet de M. *Combe de Baudouin* ; S. M. I. a entretenu dans le cabinet de fon Ambaffadeur, M. *Bertier de Sauvigny*, pendant une heure.

F

de dix mille francs. Il parut étonné
de voir dans un même lit plusieurs
malades, qui, par là, sont exposés
à contracter des maladies plus
dangéreuses que celles qui les a-
menent dans cet hospice. Il est
d'autant plus étonnant d'avoir à se
plaindre de cette négligence à Paris, qu'on y fait mieux que partout ailleurs, combien d'inconvé-
niens il en résulte. Dans le même
tems on démontroit à l'Académie
des Sciences les causes de la cor-
ruption de l'air par la respiration.
C'étoit le 10 Mai, M. le Comte
assistoit à cette séance. M. *Lavoi-
sier* lut un Mémoire sur les moyens
de ramener l'air vicié, soit par la
respiration des hommes, ou des
animaux, soit par telle autre cause
que ce soit, à l'état respirable. Il
démontra que la respiration des
hommes & des animaux avoit la
propriété de convertir en air fixe
la portion salubre de l'air, de sorte
que dans les salles de spectacle il

exifte deux efpeces d'air nuifibles ;
favoir, la partie nuifible propre à
l'air & qui entre dans fa compofi-
tion, & la portion d'air fixe qui
s'eft formée par l'effet de la refpi-
ration. M. *Lavoifier* a démontré
qu'il exifte dans ces falles trois
couches d'air très diftinctes ; la fu-
périeure qui eft la plus nuifible,
la moyenne qui eft la plus refpira-
ble, l'inférieure qui contient une
quantité d'air fixe. M. *Roi* lut un
Mémoire fur la conftruction des
Hôpitaux. MM. *de Montigny*, *de
Vandermonde*, *Bezout*, firent le
rapport d'une éprouvete qui a été
conftruite à l'Arfénal de Paris,
d'après les ordres du Miniftre,
fuivant la méthode du Chevalier
d'Arcy. Ce Chevalier préfenta
deux fufils de fon invention, par
le moyen defquels le foldat peut
tirer fûrement un grand nombre
de coups en un tems donné & porter plus loin la balle. Ces fufils ont

l'avantage de faire tirer très-faci-
lement, & fans danger, trois rangs
à la fois. M. *Lavoifier* fit enfuite
une expérience des effets de l'air
fixe, en faifant mourir un oifeau
qui en a été frappé comme de la
foudre. M. *Sage*, autre Académi-
cien, (1) a demandé cet oifeau
mort, & a pris un peu d'alkali
volatil fluor dans le creux de fa
main, en a frotté le dedans du bec
de l'oifeau, qui a fait d'abord quelques petits mouvemens, & a eu
l'air de refpirer avec des convul-
fions. M. *Sage* a dit à M. le Comte
de Falkenftein : *Je crains de m'être
trop preffé, peut-être l'oifeau mour-
ra une feconde fois.* Il a recom-
mencé de le frotter doucement
avec de l'alkali volatil fluor, &
l'oifeau s'eft remis par dégré, s'eft
agité, enfin s'eft envolé : on a demandé qu'on ouvrit les fenêtres,
& il a reçu la liberté avec une nou-

____

(1) Cet article eft pris prefque mot à mot des
Papiers publics.

velle vie. Cette expérience eſt d'autant plus intéreſſante qu'elle annonce un remede à des maux qui
ſemblent tenir de l'apoplexie.

Après cette ſéance, l'Empereur,
conduit par le Comte d'Angivillers,
eſt entré dans le Jardin de l'In-
fante. Le ſieur *de Bernieres*, de
l'Académie des Sciences, lui a été
préſenté comme l'auteur de la
grande loupe de liqueur ; quoique
le ſoleil fût pâle, qu'il y eût des
nuages, & qu'il s'en fallut de beaucoup que cette loupe ne fût remplie de tout l'eſprit-de-vin qu'elle
doit contenir, parce qu'on n'avoit
pas été prévenu, le ſieur *de Ber-*
nieres fit fondre en moins d'une
minute, un écu de trois livres à
ſon foyer. Cette expérience a paru ſurprendre & intéreſſer l'Empereur, qui fut très-ſatisfait de la
ſéance de l'Académie des Sciences,
dont il voulut bien recevoir un
jetton. Les expériences qui y furent

faites, & les lectures qu'il entendit
étoient trop attachantes. De toutes
nos Académies, c'est celle qui s'occupe le plus particuliérement des
découvertes, & dont l'objet est
incontestablement l'utilité. C'est
elle que l'Empereur devoit préfé-
rer, & il en fit un cas particulier.
On n'en est point étonné quand
on sait qu'il passe la moitié de sa
vie dans les atteliers des Artistes,
& dans les cabinets des Savans. Il
visitoit la galerie des Plans, actuellement à l'Hôtel-Royal des Invalides, il apperçut qu'un Plan n'é-
toit point exact : «Messieurs, dit-il,
» on s'est trompé : cet ouvrage qui
» devroit être à gauche est à droite ;
» ici, ce qui seroit bien à droite
» est à gauche. Qui a levé ce Plan»?

Le Monument de l'Eglise Sainte-
Genevieve lui fit plaisir à voir ; la
Sculpture du sieur *Coustou* le frappa,
jusques là qu'il demanda au Roi
pour cet Artiste (1), le Cordon de

____

(1) Le sieur Coustou n'a pas survécu long-

l'Ordre de Saint-Michel. Le Roi y ayant confenti, l'Empereur s'eft rendu chez le fieur Soufflot, Architecte de Sainte-Genevieve, & Chevalier de l'Ordre, où il a fait lui-même la cérémonie de décorer le fieur Couftou. Il a vifité le fieur *Greuze*, Peintre; il s'eft occupé avec lui dans fon attelier, une après dînée entiere. On a toujours vu l'Empereur tel qu'il étoit en Italie, vêtu d'un habit gris, ou brun, fans marque diftinctive. C'eft de cette forte qu'il s'introduifoit par-tout; c'eft par ce moyen qu'il a fouvent joui du plaifir de voir l'empreffement que les François avoient de le connoître & de s'entendre louer par des bouches non fufpectes. *M'entendre dire cela à moi-même, c'eft une fatisfaction dont je n'avois pas d'idée*, difoit

____

tems à l'honneur qu'il a reçu ; il a peu joui de fa décoration ; il eft mort dans le mois de Juin, la France a perdu dans lui un habile Sculpteur.

F iv

Henri IV en pareille occaſion.

M. le Comte s'égare ſur ſa route en venant à Paris, ſuivi d'un ſeul homme : un Château ſe préſente à eux ; il demande à parler au maître ; il n'y eſt point ; mais Madame eſt dans ſon ſalon : ils ſont introduits ; on leur ſert à dîner, & la maîtreſſe les prie de vouloir bien lui permettre d'aller au-devant de l'Empereur. — Il ne paſſera point encore, nous le ſavons, parce que nous ſommes à lui. — Je n'irai donc point encore ; c'eſt un Prince... on n'en a point vu d'auſſi bienfaiſant, d'auſſi populaire ; je meurs d'envie de le voir. — Vous voulez le voir, Madame--. Oui, Monſieur, car c'eſt un ſi bon Prince ! --Voilà ſon portrait ſur cette tabatiere, que vous voudrez bien accepter de ſa part--. L'embarras de cette Dame, les larmes du ſentiment, ſa joie, furent un ſpectacle bien intéreſſant pour l'Empereur.

A Paris, il entre au Café de la

Régence, il veut jouer aux échecs ; un joueur se présente à condition qu'ils ne seront pas long-tems. La partie ne finissoit point ; le joueur étoit inquiet, l'Empereur lui demande ce qu'il a? --C'est que l'Empereur vient à l'Opéra, l'heure passe, vous m'obligeriez de remettre la partie-. --Vous ne verrez qu'un homme comme un autre, sans marque distinctive-. --Je verrai, Monsieur, l'Empereur, le bienfaiteur d'une Nation entiere, un Souverain à qui j'ai voué dans mon cœur un éternel hommage. Un homme comme lui est si précieux-. --*Eh bien ; regardez-moi, & achevons notre partie.*

L'Empereur va à la Ménagerie. Le Suisse chargé de la montrer, lui dit d'attendre la Messagerie qui doit arriver. Elle arrête ordinairement, & ceux qui sont dedans s'amusent à voir les animaux : vous les verrez ensemble.

F v

--Volontiers-. Il entre avec les curieux, du nombre defquels étoit un étranger, connoiffeur, qui fatisfait d'entendre l'Empereur, le prenoit par la manche, en lui difant : Monfieur, vous avez des connoiffances... Fort bien... Expliquez-moi cela... Répétez, je vous prie.

Un Fiacre fait que M. le Comte de Falkenftein eft au Palais-Royal, il fe met au paffage & l'attend. L'Empereur fort, & veut fe faire conduire. --Non, je ne le puis, j'attens l'Empereur-. --Mais il n'eft plus au Palais-Royal-. --Bien vrai-. --Oui : marche à l'Hôtel de Tréville, rue de Tournon-. M. le Comte defcend, & donne au Cocher un louis ; celui-ci croit à une méprife, s'adreffe au portier de l'Hôtel, qui lui dit : c'eft l'Empereur. --C'eft l'Empereur... Vous ne me trompez pas... J'ai donc mené l'Empereur !... Que j'en fuis aife !.. Je vais boire à fa fanté... Eh ! eu ; j'ai mené l'Empereur.

L'Empereur a affifté à une féance de l'Académie des Infcriptions & Belles-Lettres. Le fieur *Dupuy*, Secrétaire perpétuel, rappella dans un difcours les travaux dont la Compagnie s'eft occupée depuis l'époque, où s'arrêtent les deux nouveaux volumes de fon Recueil; M. *le Beau* lut un Mémoire fur la difcipline du Soldat Légionaire. M. *de Villoifon* donna une notice d'un Manufcrit Grec de l'Impératrice Eudoxie. M. l'Abbé Ameilhon lut un extrait de la préface de M. Dupuis, fur un Fragment Grec d'Anthémius, concernant des Paradoxes de Méchanique. La féance fut terminée par la lecture d'un Mémoire fur la Métallurgie des Anciens. L'Empereur fe rendit à l'Académie Royale de Peinture & de Sculpture, où il vit les Tableaux de réception des Académiciens, de là il vifita le fieur *le Moine*, fi eftimé par fes Sculp-

tures favantes & par le bufte de la
Reine. Il y vit le bufte charmant
de M.^ne la Comtefse du Barry ; il
demanda s'il étoit bien refsemblant.
Un autre bufte fe préfenta à lui ;
c'étoit celui d'*Helvétius* ; il donna
des regrets à fa mort ; *J'aurois été
flatté de m'entretenir avec lui.* Le
Jardin des Plantes, & le Cabinet
d'Hiftoire Naturelle l'attirerent à
leur tour, il examina cette Collection
précieufe par les chofes rares qui
y font rafsemblées , & par l'ordre
qui y eft établi, & qui n'eft dû
qu'à M. *de Buffon* ; il y vit la fta-
tue de ce célebre Naturalifte qu'une
maladie retenoit chez lui. L'Empereur s'y tranfporta : il ne voulut
jamais permettre que M. de Buffon quittât, ni fa robe-de-chambre,
ni fon bonnet de nuit. Il l'entretint
pendant deux heures. Il vifita les
Gobelins , la favonnerie : il donna
des Eloges aux Directeurs de ces
Manufactures Royales ; il fit dif-

tribuer de l'or aux ouvriers. Il en
agit de même à la Manufacture des
Porcelaines de Seve ; il donna la
préférence à la Porcelaine de Seve
fur toutes celles qu'on fait en Allemagne. Il fit remettre à l'Intendant
un diamant de prix.

L'Hôtel Royal des Invalides lui
parut majeſtueux : le Dôme le
frappa finguliérement. Il fe fit inftruire de toutes les parties de l'adminiſtration de cet afile confacré
à ces vieux foldats qui ont répandu
leur fang au fervice de l'Etat : fon-
dation vraiment refpeċtable, &
qui honore la mémoire de Louis
XIV. Il n'y a pas long-tems qu'on
a fait dans l'Allemagne un établiſ-
fement femblable. Ce n'eſt que
depuis le Regne de Marie-Thérefe, & fon inſtitution eſt bien
loin d'approcher de la pompe de
notre édifice. Le Roi de Pruffe, dont
les vues font profondes, a envi-
fagé différemment l'état des Invalides. Il a voulu leur affurer non-

feulement des fubfiftances dans
leur caducité, mais les rendre encore utiles; il me femble avoir
mieux concilié que nous l'intérêt
du Soldat avec l'intérêt de l'Etat.
Il renvoie les Invalides avec une
paie un peu forte chacun chez eux :
ces Soldats, la plûpart fils de la-
boureurs, rentrent dans leur famille, vivent en commun, & dé-
penfent leur argent dans leur village, ou fe mettent en penfion
chez un payfan qui a intérêt de
foigner fes penfionnaires pour per-
pétuer la penfion. Les Dimanches
& Fêtes ces Invalides qui ont inf-
pection fur les jeunes gens défignés
pour la Milice, les affemblent fur
la place principale de l'endroit, &
les exercent aux travaux militaires.
Leurs difcours font fermenter dans
le canton cette ardeur guerriere
qu'ils eurent dans leur jeuneffe,
&, par ce moyen, ils préparent
au Prince, fans dépeupler les campagnes, des colonies *Agrico-mili-*

taires. Il eſt bien peu de Soldats en France qui ne préféraſſent a *l'Hôtel* dix ſous par jour, avec la liberté de les dépenſer chez eux, & qui ne fuſſent flattés d'être encore utiles dans leurs vieux jours.

L'Empereur ſe rendit au Palais le 15 Mai ; il entra dans la Grand'-Chambre au moment que M. Séguier parloit dans la Cauſe de M. le Maréchal de Fitz-James, à qui M. de Saint-Simon diſputoit la Grandeſſe d'Eſpagne venue du Chef de Madame de Valentinois : cet Avocat-Général faiſit quelques circonſtances de la Cauſe où il étoit queſtion du Roi d'Eſpagne , pour y encadrer l'éloge de l'Empereur. Il s'exprima avec tant de feu , avec une effuſion de cœur ſi marquée , qu'il fût aiſé de s'appercevoir que cet éloge vrai n'étoit point prépaparé (1).

____

(1) L'Empereur a aſſiſté une autre fois à l'audience , dans une des lanternes : on fit à cette

M. le Comte affifta à une féance
de l'Académie Françoife. M. *Dalembert* fit lecture de quelques Sy-
nonymes François, & d'un Eloge
abrégé de Fénelon; M. *de la Harpe*
lut une Traduction de lui, du premier Chant de la Pharfale de Lu-
cain, & M. *Marmontel* lut un
Difcours en Vers, fur l'Hiftoire. Il
reçut un jetton que l'Académie lui
préfenta, il demanda qu'on lui

---

occafion les vers fuivans :

MARFORIO.

Grand miracle, Pafquin,
Le foleil dans une lanterne.

PASQUIN.

Allons donc, tu me bernes.

MARFORIO.

Pour te dire le vrai : tiens, Diogene envain
Cherchoit jadis un homme une lanterne en main,
Eh bien, à Paris, ce matin,
Il l'eût trouvé dans la lanterne.

nommât tous les Académiciens
reçus; il fut surpris de ne point
voir sur la liste MM. *Diderot* &
l'Abbé *Raynal.* M. Dalembert répondit qu'ils ne s'étoient point préfentés, & qu'il étoit d'usage que
les Candidats fissent instance eux-
mêmes. Il a paru au plus grand
nombre des personnes instruites,
que l'Académie Françoise pouvoit
rendre sa séance plus intéressante.
Il falloit déployer la richesse du
génie; faire sentir la chaleur du
Dieu qui inspire nos Orateurs, &
nos Poëtes François, rappeller le
souvenir des Ecrivains immortels
qui ont embelli la Langue, & il-
lustré la Scène. L'Empereur a daigné promettre son portrait. Le
Temple des Muses qui l'a vu simple & particulier retentira un jour
de son panégyrique prononcé par
la bouche de l'Orateur avoué de
la Nation. Jamais louange n'aura
été mieux méritée. J'ai vu des lar-

mes couler des yeux de l'auditoire
au récit des vertus de Fénelon, &
cet Archevêque n'étoit qu'un sujet. Combien sera intéressant l'é-
loge d'un Souverain, dont le nom
réveillera tant de doux souvenirs!
Vous qu'un vaste Royaume chérit
autant par reconnoissance que par
devoir, & que l'étranger honore.
O *Joseph*, puissiez-vous vivre jusques à la derniere vieillesse! Une
si belle vie appartient à vos sujets
dont vous faites la félicité, aux
peuples étrangers qui voient en
vous un modele digne d'être of-
fert aux Rois : *ferus in cœlum re-
deas*.

Un plus long séjour de l'Empereur auroit opéré à coup sûr
une réforme dans l'étiquete. Nos
Souverains ne sortent jamais qu'ils
ne soient suivis de leur Capitaine
des Gardes de quartier, d'un déta-
chement de Gardes du Corps, com-
mandé par un Brigadier & un

Exempt. --*Mon frere*, lui dit un jour S. M. I., *pourquoi cette suite ? nous n'en avons pas befoin pour nous promener : aujourd'nui, fouffrez que je fois votre Capitaine des Gardes-.* S. M. & l'Empereur fe promenerent à *Trianon*, parcoururent le parc de Verfailles. Ces promenades ont été répétées plufieurs fois : la Reine en étoit, fans cortege, fans autre fuite que les perfonnes qui vouloient voir ces Monarques chéris. On affure qu'il s'eft trouvé un foir deux mille fpectateurs autour de la piece des Suiffes, ce qui fit dire à l'Empereur : *Sire, nous voilà en belle compagnie.* Le même foir, S. M. I. fe trouva au jeu de la Reine : Elle fe tenoit debout, les mains pofées fur la chaife de Madame Adélaïde, & faifoit du bruit avec fes doigts ; cette Princeffe lui dit : « M. le Comte, vous oubliez un peu l'incognito ». *Auprès de vous, Ma-*

dame, il eſt mal-aiſé de ne pas vou-
loir ſe faire connoître.

M. le Comte de Falkenſtein
avoit tout vu ; il ne reſtoit de curieux & d'intéreſſant a voir que les
Éleves de *l'Abbe de l'Epée.* Ce
reſpectable citoyen s'eſt chargé du
penible emploi d'animer des hommes condamnés par la Nature à un
érat paſſif : le déſintéreſſement le
plus rare ajoute au mérite de ſon
inſtitution. Qu'eſt-ce qu'un ſourd
& muet de naiſſance ? *Deſcartes*
l'eût preſque rangé dans la claſſe
des machines. Entre les mains de
l'Abbé de l'Epée il prend une nouvelle vie, il ſent ſon exiſtence, ſon
ame , que le manque des organes retenoit dans l'inaction & la captivité,
s'élance avec liberté, ſaiſit les idées
les plus métaphyſiques, les communique aiſément, & ſe met au
niveau de toutes celles que la Nature n'a pas traitées avec la même
rigueur. Quel ſpectacle pour un

cœur fenfible, que celui des leçons
de *l'Abbe de l'Epée* ; les yeux des
éleves dans lefquels paroît fe porter toute l'activité des fens qui
leur manquent, font fixés fur l'inf-
tituteur, aucun de fes geftes n'é-
chappe, tout eft faifi dans fon atti-
tude ; fes regards, le mouvement
de fes levres ; en un inftant les
crayons font en l'air, &, à l'aide
de quelques geftes faits avec rapidité, la queftion eft écrite fur-le-
champ, & la réponfe faite avec la
même rapidité. M. *le Comte* a ho-
noré de fa préfence un des exercices
de *l'Abbé de l'Epée* ; rien ne lui a
échappé de ce que fa méthode renferme de curieux dans la théorie &
la pratique, & il a bien prouvé
que ce fpectacle étoit un de ceux
qui avoit le plus excité fon admiration. Il demanda à *l'Abbé* s'il
n'avoit tranfmis fon fecret à perfonne. --J'avois demandé au Gouvernement deux fucceffeurs que je

puſſe inſtruire, je n'ai pu l'obtenir-. --Je vous en ferai venir douze de Vienne ; vous voudrez bien leur communiquer des procédés qui ſervent ſi bien à l'humanité. Il y a des infortunés dans mon Royaume à qui votre méthode rendroit la vie un préſent du Ciel. Ne me reconduiſez point, M. l'Abbé, je vous le demande en grace, de vaines cérémonies ne doivent point remplir un tems que vous rendez ſi précieux-. Il lui fit remettre le lendemain une tabatiere en or, ornée de ſon portrait, avec cinquante louis qu'il le chargeoit de diſtribuer à ſes éleves.

Le ſieur C** a eu l'honneur de préſenter à l'Empereur à cette occaſion les Vers ſuivans :

Nouveau Pygmalion,
Ton auguſte préſence
Sur nos ſens, tout-à-coup, fit tant d'impreſſion,
Que nous allions jouir d'une entiere exiſtence.
Oui, Prince, encor un ſeul inſtant
Nous entendions les ſons de ta voix énergique,

Et la nôtre, sans doute, auroit dans le moment
De tes vertus fait le panégyrique.
Par un concert mélodieux
Nous aurions célébré la sagesse profonde
D'un Roi, qui non content de rendre un peuple
heureux,
Va faire encor le tour du monde
Pour répandre en secret des secours généreux,
Mais l'heure s'avançoit, ta noble modestie
Te déroboit l'effet que tu faisois sur nous.
Tu sortis au moment que ton divin génie
Sur nos sens agités portoit les derniers coups.
Quels regrets, en effet, de rester sans organe!
De ne pouvoir chanter un Prince vertueux,
Lorsque de vils flatteurs, d'une bouche profane,
Cent fois ont célébré des tyrans odieux.
Qu'il seroit doux de nous entendre!
Si pour répondre aux soins de notre Instituteur,
Nous pouvions exprimer ce qu'il nous fait com-
prendre
Sur notre bienfaiteur.
C'est alors, qu'inspirés par la reconnoissance,
Nous ferions retentir les airs de nos accens;
Mais hélas! puisqu'il faut te bénir en silence,
Grand Prince, daigne au moins agréer notre
encens;

Daigne te souvenir qu'ami du vrai mérite,
Le Français t'a prouvé qu'il admire & chérit
Un Roi qui, par bonté, ne fait voir à sa suite
Que l'amour de son peuple, & le goût & l'esprit.

Les délassemens de l'Empereur étoient toujours les Spectacles. Il a assisté à l'Ambigu - Comique d'*Audinot*; mais ce sont des jeux d'enfant, dont la gentillesse & le germe incertain des talens font tout le mérite. Les Comédiens Italiens ont une Musique agréable, mais les Drames sont si foibles, il y a si peu de bonnes Pièces, si peu de bons Acteurs; c'est du son & de la voix, & puis rien. Ce Spectacle n'étoit point fait pour le ramener souvent. Les Comédiens François, maîtres du Théâtre de la Nation, héritiers des chefs-d'œuvre de Corneille, de Racine, de Voltaire, & de tant d'autres Ecrivains du premier ordre, pouvoient seuls l'attirer. Il les a suivis reguliérement;

(145)

réguliérement ; Athalie, Zaïre,
Cinna , Mahomet , Nicomede ,
Œdipe ont été repréfentés devant
lui & à fa demande. La Scène
n'a jamais été abandonnée à ceux
qui doublent les bons Acteurs ;
c'étoit un enfemble chaud , un
jeu achevé , un effet théâtral
de la plus grande illufion ; les
fpectateurs s'empreffoient ; l'affemblée offroit un coup - d'œil
riant & magnifique. Mais tandis que tout le monde fe mon-
troit à l'envi , le feul homme de
qui on vouloit être vu , le héros
de tant de perfonnes fe retran-
choit derriere les grilles de fa loge,
contre l'inquiete curiofité des fpectateurs, & là , dans fon modefte
deshabillé, tranquille & recueilli,
il écoutoit attentivement le chef-
d'œuvre qu'on jouoit. La repré-
fentation d'Œdipe fut pour fa mo-
deftie un jour perfide. Il étoit loin
d'imaginer qu'on pût y faire une

application auffi flatteufe pour lui.
Une autre fcène non moins écla-
tante l'attendoit fur le magnifique
Théâtre de l'Opéra où il alloit
quelquefois entendre de la bonne
Mufique, & jouir d'un fpectacle
vraiment beau, vraiment piquant.
Tous les Arts concourent enfemble
pour embellir ce Temple de l'Har-
monie, la Mufique & la Peinture
lui prêtent leur magie, la Poéfie
lui a confacré les vers enchanteurs
de Quinault; & Terpfichore les
talens gracieux des plus aimables
Danfeufes. Il feroit à fouhaiter que
Thalie & Melpomene n'euffent
rien à envier à l'Opéra pour la
beauté de l'édifice, & pour la magnificence des décorations.

L'Empereur affiftoit à une re-
préfentation d'Iphigénie, Opéra
de M. Gluck. La Reine eft arrivée, on a applaudi : l'Empereur
eft venu dans la loge de fa fœur;
il a été apperçu : les applaudiffemens ont redoublé. Il a voulu

s'y dérober ; mais les acclamations devenant générales, il s'est rendu à l'empressement des spectateurs. La Reine l'a pris par la main, & l'a montré au public. M. le Comte alors, avec un geste, a désigné à son tour la Reine, comme celle à qui tous les honneurs étoient dûs. *Madame*, & Madame la Comtesse d'*Artois* ont applaudi ; toutes les mains ont parti à la fois, & des pleurs de joie se sont échappés des yeux de notre Souveraine au moment qu'Achille ordonnant à ses sujets de célébrer leur Reine, indiqua la loge où S. M. étoit, & commença le chœur :

Chantons, célébrons notre Reine.

L'Empereur en fut touché. M. *de Pezai*, connu par tant de jolis vers, a célébré ce moment attendrissant.

Si le peuple peut espérer
Qu'il lui sera permis de rire,

Ce n'est que sous l'heureux empire
Des Princes qui savent pleurer.

J'ai parodié dans une circonf-
tance, non moins heureuse, le joli
air de M. Marmontel : *Ah! dans
ces Fêtes*, de l'Ami de la Maison :

Ah ! qu'elle est belle !
Se montre-t-elle ?
Tous les fujets
Sont fatisfaits.
On entend : ah ! voilà la Reine
Qui feroit, fans la royauté,
Par fa beauté
Bien Souveraine.
Ah ! voilà ; la voilà la Reine,
Bien Souveraine
Par fa beauté.
Son cœur est noble & tendre ;
J'ai vu de fes beaux yeux
Des larmes fe répandre,
On lui faifoit entendre
Les cris des malheureux.
C'est un préfent de la bonté des Dieux.

Enfin Joseph II est parti de Paris la nuit du 30 au 31 Mai, pour continuer son voyage dans l'intérieur du Royaume; il a refusé de donner son itinéraire au sieur Doigny, Intendant des Postes, pour n'être point annoncé. Sa suite n'est que de vingt-quatre chevaux. La maladie de l'Impératrice-Reine auroit hâté sa sortie de France; heureusement elle s'est rétablie. L'Empereur est parti! il a emporté & notre admiration & nos regrets, il a laissé de lui le souvenir d'un Roi, qui, pour acquérir des connoissances, descend à l'état d'un simple particulier; son regne fait tout espérer. Des sujets sont heureux quand un Roi est accoutumé de voir tout par ses yeux. *J'aime les hommes sans distinction.* Tel fut le cri de son cœur, & tel a été, jusqu'ici le motif de sa conduite. Il est parti! mais il a pris dans nos cœurs une place à côté de Louis

G iij

XII & d'Henri IV, &c, (1).

Le premier jour de son départ de Versailles, l'Empereur étant sur la route de Rouen, passa devant la maison de Magnanville, appartenante à M. Boulongne de Préninville; il la visita; il y trouva le célèbre *Jeliote* qu'il pria de chanter. Ce moderne Amphyon s'en défendit; allégua son âge, le peu d'habitude; l'Empereur insista : le Chanteur se mit à son clavecin, & chanta, comme au tems où sa voix charmoit toute la France, un air de l'Acte de Titon & l'Aurore.

---

(1) On assure que le Roi demanda à l'Empereur combien son voyage lui coûtoit : *Cela ira à un million au plus, & j'aurai fait beaucoup d'heureux.* Le Roi dut être étonné; rien qu'on million pour un Empereur, pour un si grand voyage, & beaucoup d'heureux ! tandis qu'un voyage à Compiegne ou à Fontainebleau excede cette somme ; on m'a assuré, & je le crois, qu'on passoit à chacun de ces voyages, quarante mille francs pour corde & emballage.

L'Empereur lui en marqua sa satisfaction : il ajouta même qu'il adoucissoit les regrets qu'il avoit de quitter Paris.

S. M. I. se détourna de sa route, & vint visiter à *Limoux*, Madame la Comtesse de Brionne, & le Prince de Lambesc de l'auguste Maison de Lorraine; Elle dîna. Il s'y étoit rendu des Seigneurs, qui ne purent qu'admirer les procédés honnêtes de l'Empereur, & les offres qu'il fit à ses parens.

L'Empereur s'est rendu à *Veret*, Terre de M. le Duc d'Aiguillon; mais ce Seigneur, dans ce tems-là, prenoit les eaux ailleurs. S. M. I. fut satifaite des beautés qu'Elle y vit, & dit obligeamment : *Il ne manque ici que le Maitre de la maison*. Le séjour de l'Empereur à Rouen fut de deux jours, qui furent employés absolument à parcourir la ville, & les Manufactures de velours de cotton du sieur

Hockner; il étoit accompagné du Duc de la Rochefoucault, Colonel au Régiment de la Fere. Dans un village à une lieue de diſtance de cette ville, un Curé qui vouloit lui faire un compliment, prit ſon Cuiſinier pour lui : le Cuiſinier ſe défendit en vain ; il fut obligé d'écouter la harangue, & de donner ſa main à baiſer à M. le Curé. Le 2 Juin, M. le Comte paſſa à Caën (1), & quoiqu'il fût aſſez tard pour s'arrêter, il voulut aller deux lieues plus loin, au village de Villiers, où il ne trouva pour ſouper, que du fromage mou, & pour lit, que de la paille. Il arriva le 3, à Dol en Bretagne, vers les dix heures du ſoir ; le lendemain, dès

___

(1) On étoit prévenu à Caën du paſſage de l'Empereur, la Milice Bourgeoiſe avoit pris les armes, les Officiers Municipaux l'attendoient pour le haranguer, les femmes étoient parées ; le cérémonial qu'on lui préparoit, l'obligea de paſſer outre.

le grand matin, tous les habitans
entouroient la maifon où il repofoit.
Deux jours après, au paffage d'une
riviere , trois payfannes étoient
dans le bac avec lui; il fut reconnu ,
& la plus hardie vint à lui. —Mon-
feigneur, vous êtes le bieau-frere
de notre bon Roi-. —*Oui, mon
amie*-. —Vous devriez bien lui
dire de nous rendre nos hommes
qui font là-bas fur le batiau pour
contrebande ; ça nous rendroit
bian joyeufes. L'Empereur fe fit
expliquer ce jargon, & on lui apprit que les trois hommes étoient
aux galères à Breft pour crime
de contrebande. L'Empereur leur
promit fa protection , écrivit lui-
même fur fes tablettes les noms
des trois perfonnes détenues à
Breft ; il a féjourné dans cette
ville quatre jours (1); il a vifité

____

(1) L'Empereur vit dans l'Arfenal une machine ingénieufe , propre à déboucher un canon.

le Port & les Atteliers; il a mon-
té dans les Vaisseaux qui étoient

---

*Cela me manque. Je desirerais qu'un ouvrier,
fabricateur de cette machine, voulut aller à Vienne.
Je le recompenserois.*

Il dit à un Avocat Breton, à l'occasion de l'i-
diôme usité en Bretagne, ou *Bas-Breton : Si un
homme qui n'auroit aucune connoissance du François faisoit un testament olographe, en patois
breton, ce testament seroit-il reçu ?*

Cette observation étoit juste, & faisoit en peu
de mots la critique des différens idiômes qu'on
tolere en France, & qu'on ne peut corriger
qu'avec peine. Le Roi de Prusse a tenté cette en-
treprise; nul conquérant européen ne l'avoit es-
sayée. Il veut établir dans ses Etats l'uniformité
du langage, & substituer la Langue Allemande
aux différens idiômes qui sont en usage dans
quelques parties de ses domaines. Il y aura à cet
effet des écoles dans toutes les Provinces où l'on
ne parle point cette Langue. Pour engager le
peuple à se conformer à ce plan, S. M. y atta-
che des avantages, & pour seconder les maîtres
que le Roi se propose d'envoyer, on fera passer
avec eux des familles allemandes, que l'habitude de parler leur Langue rendra très-utiles
dans les commencemens de l'exécution de ce
projet. Il n'y a que les Tartares, destructeurs de
la derniere Dynastie Chinoise, qui ayent donné
l'exemple de cette adroite politique.

en rade; il a fait donner de l'argent aux ouvriers. Il trouva à *Saint-Malo*, dans la même Auberge, un Négociant nommé *M. de Rosé*, revenu de l'Isle de France; il passa la nuit à s'entretenir avec lui du Commerce de l'Inde. Ce Négociant lui remit des mémoires instructifs. C'est par une attention aussi marquée à s'instruire, que l'Empereur donne tous les jours de nouvelles preuves de son cœur.

Son entrée à Saumur fut brillante par un concours d'habitans & d'étrangers qui s'empressoient sur son passage : on vouloit le voir; on le suivit jusqu'au palier de son appartement. Il fut obligé de demander grace & la liberté de l'Auberge. MM. le Marquis de Poyane, Commandant de la Province, le Comte de Rochambeau, Maréchal de Camp, le Chevalier de Montaigu, le Comte de Béthune, Officiers supérieurs des Ca-

rabiniers, étoient venus à fa ren-
contre. L'Empereur pria qu'on fit
retirer la fentinelle qu'on avoit mis
à la porte de fon Auberge ; il affifta, en uniforme verd, aux ma-
nœuvres des Carabiniers: *Point de
falutation, je vous prie*; dit-il à M.
de Poyane, qui commandoit les
évolutions. Deux Carabiniers, l'un
bleffé d'un coup de feu, & l'autre
embourbé avec fon cheval dans
une marre, reçurent des marques
de fa générofité. Il vifita les ca-
fernes où il trouva une multitude
d'hommes & de dames qu'il falua
avec intérêt. A fon départ, la re-
connoiffance & l'admiration publiques éclaterent par les cris répétés de *vive le Roi*, *vive l'Empereur*, *vive la Reine*; l'Empereur at-
tendri, répondit à fon tour, *vive
le Peuple*. Eh! oui, M. le Comte,
vive le Peuple: un Roi qui a le
cœur de fes fujets, a de grandes
reffources. Le Peuple a des bras,

de l'induſtrie, des entrailles : c'eſt tout ce qu'il faut pour donner le ſpectacle d'un Etat heureux ; le reſte n'eſt tout au plus qu'une brillante ſuperficie.

L'Empereur a viſité à *Tours* les Manufactures de ſoie. Son entrée à Toulouſe fut auſſi flatteuſe pour lui que celle de Saumur : même empreſſement pour le voir. Il arriva avec peine, au milieu d'une foule, à ſon Auberge. Il prit dans le Cabinet de M. l'Archevêque une notice de la Province de Languedoc. Parmi les Dames qui eurent l'honneur de le ſaluer dans les ſalles de l'Archevêché, il parut diſtinguer Madame la Préſidente de Sauveterre. Il examina le Pont ſur la Garonne que joint la ville au fauxbourg Saint-Cyprien ; vit l'écluſe du canal de Brienne, & ſur le Pont la jonction de l'Océan à la Méditerranée. Il partit trop promptement, les Capitouls &

les Académiciens des Jeux-Floraux ne purent lui être préfentés.

Vers.

Vous prétendez en vain prolonger notre erreur :
Tout décele un fecret dont vous n'êtes plus
    maître ;
Ce modefte appareil nous cache l'Empereur,
    Mais vos bienfaits le font connoître.

Il a rencontré à Bordeaux MONSIEUR, frere du Roi ; il a été témoin de la pompeufe réception qui a été faite à Son Alteffe Royale, devant laquelle on a porté le dais ; & n'en a pas moins gardé l'*incognito* ; il a logé à l'Auberge : il a vifité la ville & le port, s'eft porté à pied dans tous les endroits curieux à voir, & s'eft entretenu avec les Négocians les plus inftruits, de l'objet principal du commerce de cette ville, de fa correfpondance, & de l'exportation étrangere.

Il a pris la route de Fontarabie
& de Saint-Sébaſtien, où il eſt arrivé accompagné de M. le Duc de
Crillon , Lieutenant - Général en
France & en Eſpagne. Il s'eſt
tranſporté au Fort d'*Andaïl*, dernier poſte de France. C'eſt - la que
furent dreſſées les batteries contre
Fontarabie, lorſqu'il fut aſſiégé en
1638 par le Prince de Condé.
L'Empereur reconnut la breche
par où les François avoient paſſé.
Des Invalides gardent cette Place,
depuis que les deux Nations ſont
amies. S. M. I. vit manœuvrer à
Saint-Sebaſtien le Régiment de
Navarre, dont elle fut très-ſatiſ-
faite : elle viſita les magaſins de
Cacao & de Fer : elle reçut les
Alcades en robe de cérémonie
avec leurs baguettes. La femme
du Gouverneur & celle du Colonel du Régiment de Navarre
lui furent préſentées. S. M. I. ſe
rendit chez M. de Baſſe-Cour,

Gouverneur de la Province de Guipufcoa, que la goutte retenoit dans fon lit; paffa le Bidaffois, qui fépare l'Efpagne d'avec la France, vint à Saint-Jean de Luz, d'où elle fe rendit à Bayonne (1), où elle a voulu voir les Pyrenées, & tout ce qui eft relatif à l'exploitation de la mâture; particuliérement les travaux qu'il a fallu faire pour tailler fur des rochers, & dans des blocs de marbre, entre des précipices qui ont plus de fix cens toifes de profondeur, fur des demi-voûtes de douze pieds de hauteur, & de huit cens toifes de longueur, & au-deffus des torrens les plus rapides, un chemin praticable pour tirer

____

(1) M. le Duc de Crillon, qui a fuivi l'Empereur dans ce voyage, donne les plus grands éloges à fes connoiffances, à fa générofité, & au foin qu'il prend d'obferver toutes les bienféances. *C'eft un homme*, dit il. Ce mot peint énergiquement, & mieux qu'un difcours oratoire, le Souverain dont il parle.

des arbres énormes, du poids de vingt à trente milliers de livres, & les conduire à l'entrepôt de Bayonne, d'où ces mâts font enfuite diſtribués dans les différens Arſenaux de la Marine.

L'Empereur a devancé *Monſieur* à Toulon. Il a viſité les Fortifications, l'Arſenal & la Rade. Le Corps de la Marine de ce Département a donné des Fêtes au frere de ſon Roi, dont la nouveauté a dû l'étonner finguliérement. Des combats navals, des joûtes fur l'eau, une illumination générale de tous les Vaiſſeaux, le bruit des canons d'une ville fermée de remparts, & environnée de forts, de citadelles & de redoutes, un fiége fait par les troupes de terre; tous ces amuſemens guerriers, & les ſeuls que cette ville pouvoit lui offrir, avoient certainement leur prix.

L'Empereur vit lancer à la mer *le Caton*, Vaiſſeau de 60 canons. Ce n'étoit pas la premiere fois qu'il avoit confidéré une machine auffi énorme, dans un équilibre auffi étonnant ; ce n'étoit point la premiere fois qu'il avoit vu travailler dans des Arfenaux.... Mais ce qui lui parut nouveau, & ce qui le frappa, ce furent les Provençaux dont l'agilité & la foupleffe répondent à la vivacité nationale ; intelligens & prompts à exécuter, fe piquans d'émulation dans les plus durs travaux ; vifs, mais rarement étourdis, ils devancent le fignal & fuppléent à ce qu'on a oublié de dire. Le jour qu'on lance un Vaiffeau à la mer eft pour eux un jour de fête, quoique le travail en foit plus pénible. L'Empereur fut pénétré de tant d'ardeur & de tant de zele : *Quelle Nation*, s'écria-t-il, *que la Françoife, il n'eft même pas befoin de la commander.*

Il partit le lendemain de l'arrivée

de *Monsieur* ; il étoit allé voir à Hieres le jardin des Hespérides, une plaine d'orangers, & des vergers sans art, mais délicieux. Il s'embarqua pour les isles d'Hieres, où il vit une pêche de poissons. Il retourna sur ses pas ; s'arrêta une journée à Marseille, assista au concert des amateurs de cette ville, au spectacle ; monta à l'hôtel de ville, où il considéra avec attention le tableau de la peste qui ravagea la Province. L'Empereur visita à *Carcassonne* la Manufacture de Draps du Sr. *la Roque.* Il s'entretient avec ce Fabriquant sur la Mécanique de l'Art, sur la manière de faire les couleurs, de les nuancer, sur l'exploitation des Draps de Carcassonne dans le Levant. Il ne demeura à Avignon que le tems nécessaire pour changer de chevaux, & se reposer. Il s'arrêta à Lyon : (1) visita

____

(1) Quelqu'un ayant dit à l'Empereur, s'il

quelques Négocians, avec lesquels il parcourut toutes les fabriques de soie & de gaze de cette ville, ainsi que les monumens remarquables, qui n'y sont point en grande quantité. Il examina les travaux de la ville neuve, dirigés par le sieur *Perrache*. Delà, il prit la route de Versoy ; on avoit conjecturé qu'il feroit au *Philosophe de Ferney* l'honneur de le voir : son amour pour les Arts, son attention à dire des choses honnêtes aux Artistes, faisoient croire qu'il seroit tenté de connoîtreperfonnellement leChantre de Henri, l'Homere François, le successeur de Corneille & de Racine, l'Ecrivain qui a réuni tous les genres d'écrire, & presque toutes les connoissances, l'homme devenu plus précieux par son âge même ;

n'iroit point à la Comédie, il répondit : *Je suis venu à Lyon pour voir les Fabriques & non la Comédie.*

cet homme célèbre ne compte prefque plus parmi les vivans , que par
le fouffle du génie qui l'anime encore, & qui femble lutter avec le tems.
Sans doute (1) la même fatalité
qui priva M. de Voltaire de recevoir le Roi de Suede , l'a privé
d'entendre l'Empereur. Des nouvelles preffantes, dit-on, le rappel-
loient dans fes Etats. Les ennemis de
M. de Voltaire ont répandu le bruit
que l'Empereur n'avoit pas marqué
d'empreffement pour le voir ; ils
ont fait courir une plaifanterie
dont le fel n'eft que dans un foible
jeu de mots ; quelques torts qu'on
veuille imputer à M. de Voltaire,
l'Empereur eft trop fage & trop
inftruit , pour ne pas rendre juf-
tice à cet Ecrivain. Il a vifité M.
de Buffon, il eût entretenu M. de

____

(1) On a demandé à l'Empereur , de retour à
Vienne , s'il avoit vu M. de Voltaire, il a ré-
pondu : *Je ne l'ai point vu , mais je l'ai beaucoup
lu.*

Voltaire. Il eût donné à ce vieillard un beau jour de plus; S. M. I. l'eût entendu s'écrier dans l'excès de sa joie : je n'ai plus rien à regretter dans la vie ! J'ai vu renaître *Marc-Aurele.*

L'Empereur est entré dans la Suisse par Geneve (1), & delà il

---

(1) M. le Comte de Falkenstein, en passant à Geneve, ne reçut que M. de *Saussure*, Professeur de Physique, qu'il voulut bien aller voir le lendemain. Ce Savant fit en sa présence plusieurs expériences d'électricité, parmi lesquelles, M. le Comte admira sur-tout celle de l'Aurore boréale ; il lui parla avec intérêt de celle de la commotion donnée par la torpille, dont il avoit été témoin à la Rochelle. Il visita M. *Liotard*, Peintre très-fameux. Il envoya chercher M. *Zeerleder*, Banquier ; il parcourut avec lui l'Arsenal & la Bibliotheque. Il s'entretint avec le célèbre M. *de Haller* : *Il n'a voulu*, dit ce Savant, *ni gardes, ni honneurs, il m'a fait une visite de quarante minutes sur le soir, avec les Seigneurs de sa suite ; il a été familier, facile, & d'une conversation agréable ; il ne boit point de vin, & sa diete est austere ; il ne soupe point. Il étoit hâlé & se plaignoit de la fatigue de son voyage. Il passa la nuit sur un matelas, sous lequel on avoit étendu de la paille. Le lendemain il se rendit,*

s'eſt rendu à Fribourg en Briſcaw.
là ſe termine ſon voyage de France (1).

Vers ſur le paſſage de l'Empereur en Suiſſe.

Le Voyageur qu'admire l'Helvétie
Ne vient-il point, aidé de ſes vertus,
Revendiquer certains Etats perdus
Grace aux ſoins de la tyrannie ?
Les grands hommes toujours ont eu de grands
projets.

ſur les cinq heures du matin, ſur la plate-forme
(promenade près de la Cathédrale.) Il s'eſt tranſporté dans une maiſon de campagne, d'où l'on
découvre Geneve ſous un très-beau point de
vue, coupée d'ailleurs par le Rhône, qui, après
avoir quitté le lac, vient majeſtueuſement recevoir en tribut les eaux de l'*Arve*, leſquelles ſe
confondent avec les ſiennes, à peu près au pied
de la colline d'où l'Empereur découvroit la ville.
Il ſe propoſoit de partir pour *Langnau*, à dix-
huit mille de Berne, pour voir un payſan nommé
Michel *Sckuppach*, qui s'eſt rendu célébre par des
cures très-heureuſes; mais apprenant que douze
voitures l'avoient devancé, il partit pour *Hallviell*,
ſitué ſur les frontieres du Canton de Berne, où
il ſe propoſoit de voir ce Seigneur. Il ſe rendit à
Bâle, à petites journées, conduit par un Voitu-
rier ; delà il paſſa à *Schaffhauſen*.

(1) L'Empereur eſt arrivé le 10 Juillet à Fribourg

Cette sagesse consommée,
L'art de répandre à propos ses bienfaits ;
Mille talens valent bien une armée.

. . . .

La Suisse avoit raison. Ce Prince magnanime
Vient de justifier pleinement ses frayeurs ;
Partout il a levé le tribut de l'estime,

    Et fait prêter hommage à tous les cœurs.

---

en *Brisgaw*, il s'y est arrêté cinq jours pour travailler ; le 20, il s'est levé de grand matin, & s'est occupé
long-tems dans son cabinet. Le Margrave de Bade,
avec les Princes ses fils, le Prince Louis de Hesse d'Arm-
stadt, le Prince regnant de Furstemberg, & plusieurs
autres Seigneurs ou Princes de l'Empire eurent l'honneur de lui rendre leurs devoirs. Le 24, l'Empereur
est parti pour le Vieux-Brisac. Sa suite continua le
voyage par le territoire Allemand de Vutshinfeld.
S. M. I. passa le Rhin avec le Comte *Colloredo* pour
voir la forteresse françoise de *Neuf-Brisac*. A Hunin-
gue, Elle vit le Régiment Suisse de Lochmann, auquel il donna des éloges ; & il témoigna beaucoup
d'estime au Commandant de la Place. Après avoir
passé par Bâle, S. M. I. visita la fameuse cataracte du
Rhin ; Elle passa même avec trois ou quatre Seigneurs
de sa suite, dans un petit bateau, à une centaine de
pas de la chûte, sur la rive opposée au territoire du
Canton de *Zurich*, où cette cataracte en tombant au
pied du Château de *l'Auffra*, avec un fracas terrible,
offre un spectacle qui frappe l'imagination. De retour
sur la droite du fleuve, l'Empereur se rendit en car-
rosse au pont du Rhin. Il partit ensuite pour Constance,
d'où il a continué sa route sur Brigentz. Il est arrivé à
Schombrunn (le premier Août) où étoit la Reine-
Mere.

FIN.